ミニマムで学ぶ
ドイツ語の
ことわざ

藤村 美織 著
Beate Wonde 協力

クレス出版

ミニマムで学ぶ〈ことわざ〉

　異文化（外国の文化）に関心を持ち、深く知りたいと思ったとき、私たちはまずその言語を学ぼうとします。具体的には、基礎的な文法と基本的なボキャブラリー（語彙）を身につける必要があるでしょう。そして、文章を読んだり、作文をしたり、簡単な会話に取り組んでいくことになります。しかし、それで十分かというと、その先にことわざの世界がひろがっています。

　ことわざはよく比喩を用います。たとえば、ヨーロッパの多くの言語に、直訳すると「静かな水は深く流れる」となる表現（ふつうは「静かな淵は深い」と訳される）がありますが、これは水音の低い淵が深いことを表すだけでなく、比喩的に無口な人について、表面からは窺いしれないものがあることを示しています。こうした表現は、予備知識なしに初めて聞いたのでは、とうてい理解できないものでしょう。比喩には、国際的に通用するものもありますが、母語（生まれたときから自然に身につけた言語）からの類推だけでは理解できず、とんでもない誤解をしかねないものもあるのです。

　しかも、ことわざには価値判断の基準や行動の指針となるものがあり、しばしば結論に直結しています。だから、文意をほぼ理解できたつもりでも、ことわざがわからないために結論が把握できないことが出てきます。ことわざには、人の行動を左右する力があるので、単なる文章の一部というより、肝心な核心部分となることが少なからずあるといってよいでしょう。〈ことわざ〉がカルチュラル・リテラシー（異文化の読解力）の重要なキイとされるのも当然です。

　では、異文化理解のためにどれくらいことわざを知る必要があるのでしょうか。ペルミャコーフ（ロシアのことわざ研究者）は、母語話者（ネイティブ）が常識的に知っていて、よく使うことわざをミニマムと名づけ、およそ400を知っておくことが望ましいとしてい

ました。

　しかし、ネイティブであっても、最初から 400 ものことわざを知っているわけではありません。幼少期から日常生活のなかで、いろいろな体験とともに少しずつに耳にすることによって、しだいにことわざを身につけていくことはいうまでもないでしょう。そのプロセスは、生活のなかでことわざを自然におぼえるだけでなく、同時に無意識のうちにことわざに対する感覚を身につけ、磨いていくものです。大人が口にすることわざが直ちに理解できなくても、使用場面と音声が脳内に蓄積されることによって、しだいに感覚的理解力が形成されるといってよいでしょう。

　〈ミニマムで学ぶ〉シリーズは、このプロセスを参考に、〈ミニマム〉を異文化理解の出発点として最小限必要なことわざと再解釈し、ことわざを論理的に理解するだけではなく、感覚的にも自分のものにするためのツールを目指しています。そのために、各言語のことわざ研究者が 100 のことわざを精選し、意味・用法を詳しく解説し、レトリックや参考となる文化的背景にもふれるようにしました。また、各言語のネイティブの協力を得て、現代の会話を中心に用例を示しています。

　このように最低限必要な 100 のことわざをていねいに学んでいくメソッドは、一見遠回りのようですが、さらに多くのことわざ表現を理解する上で不可欠な感覚を身につけることができ、異文化理解を着実に進めるものとなるでしょう。とりわけ現代の会話例は、ことわざのアクティブな活用に役立つことを確信しています。

　本シリーズが各言語のことわざの世界への扉をひらき、読者にとって異文化理解の礎石となることを願っています。

ミニマムで学ぶことわざシリーズ監修　北村　孝一

はじめに

　ドイツ語の学習を続けていると、ことわざに出会う機会も自然と増えてきます。最初のうちはよくわからなくても、踏み込んでみると、ことわざについての興味がますます湧いてくるものです。

　ドイツ語にも、日本語と同じようにことわざがたくさんあります。正しく理解して、自由に使えるようになりたいですね。でも、そのために、ことわざのリストをただ片っ端から覚えればよいというわけではありません。ことわざの意味を知った上で、その使い方を理解しておかなければ、役に立つどころか、危険であるともいえるでしょう。簡単な単語の組合わせから推測しても、自分の意図とずれていたり、意外なニュアンスを含むことがあるからです。

　私がドイツ語のことわざと最初に出会ったのは、大学生のときでした。橋本郁雄先生のドイツ語講読とドイツ語学演習で、ことわざがさまざまな角度から扱われ、大いに引きつけられました。卒業後は旧東ドイツとの文化交流の団体に勤務し、職場でことわざに接する機会にも恵まれて、関心を抱き続けています。

　さて、100のことわざは、私自身がさまざまな場面で出会ったことわざばかりです。実際よく使われて、コミュニケーションに役立つと思われるものを選びました。協力してくれたのは、仕事を通した友人、ベアーテ・ヴォンデさんです。彼女は、ベルリン森鷗外記念館で、企画、研究、運営全般に携わっています。

　どんなことわざをどう使うかは、時代、地域、世代の違いだけでなく、個人差もあります。ことわざの意味や用法も一つだけとは限りません。この本では、個々のことわざの用例をなるべく複数あげることで、その幅を感じていただけるように心がけました。

　本来、ことわざは口承で伝わってきたのものです。ことわざを口にすると、多くの場合、印象に残るような工夫がなされていること

－v－

に気が付きます。ここで扱う用例の多くは短い会話形式ですので、ことわざの使われる場面をイメージしながら、ぜひ声に出してみてください。

　そして、実際に、ことわざを使えるときが来たら、思いきって口に出してみることです。冒頭部を言っただけで、後をつなげてくれるドイツ人もいることでしょう。つかえてしまってもかまいません。ことわざは全文でなくて、一部でも伝わるものがあり、その言語を話す人たち、みなのものなのですから。

　友人の保阪良子さんは、かつてドイツ語のラジオ講座を担当されたとき、Wer spricht, gewinnt（話す者は得る）という言葉を学習者にエールとして送りました。ドイツ語を学ぶ上で、とても大切なメッセージで、Wer wagt, gewinnt（思いきってやる者は得る）という有名なことわざに基づいています（2ページ参照）。

　この本が契機となって、ドイツ語のことわざに親しみ、ドイツ語の理解、そして使う喜びを深めていかれますように！

藤村　美織

《凡　例》
【意味】ことわざの意味とニュアンス。
【用法】どのような使い方をするか、使われる場面や異形など。
【ポイント】ことわざを理解する上で重要なポイント。また、他のことわざにも応用のきくことなど。
【参考】ことわざの由来や文化的背景など。
【用例】現代の会話例を中心とした用例。

ミニマムで学ぶ　ドイツ語のことわざ　目　次

第1章　思いきってやれば半ば成功 ……………………………………… 1
　　　　コラム—ことわざは生きている……………………………… 20

第2章　延期は中止にあらず ……………………………………………… 21
　　　　コラム—ことば遊びとことわざ……………………………… 36

第3章　酸っぱいのは楽しい ……………………………………………… 37
　　　　コラム—ことわざ、見つけた！ ……………………………… 54

第4章　父親になるのは簡単だが、父親たることは大変 ………… 55
　　　　コラム—伝統的なことわざ集 ………………………………… 72

第5章　年齢は本人の感じ方しだい …………………………………… 73
　　　　コラム—ことわざと慣用句 …………………………………… 90

第6章　希望は最後まで死なない ……………………………………… 91
　　　　コラム—ことわざの起源をめぐって ……………………… 112

ドイツ語ことわざ索引 ……………………………………………………… 113
日本語訳ことわざ索引 ……………………………………………………… 115
参考文献 ……………………………………………………………………… 117

第1章

思いきってやれば半ば成功

〔1〕 Frisch gewagt ist halb gewonnen.

思いきってやれば半ば成功

【意味】ためらわずに、思いきって始めることが肝心である。

【用法】大きな目標を達成するには、それなりの覚悟と行動力が必要になる。チャレンジしようとする人を励ましたり、みずからに言い聞かせたりする。さあ、やってみよう、と。

【ポイント】文中の動詞 wagen と gewinnen が過去分詞の形で使われている。同じ動詞で現在形のことわざ、Wer wagt, gewinnt（思いきってやる者は得る）、Wer nicht wagt, der nicht gewinnt（思いきってやらない者は得ない）もよく使われて、行動に踏み出すことを後押しする。

【参考】日本語の「虎穴に入らずんば虎子を得ず」に近い。

【用例 1】Sakura: Ich würde so gern beim Berlin-Marathon mitlaufen, traue mir die lange Strecke aber nicht zu. Karoline: Frisch gewagt ist halb gewonnen! Du musst nur jeden Tag konsequent trainieren. Dann schaffst du es auch!（さくら「ベルリン・マラソン、走りたいけれど、距離に自信ないのよね」カロリーネ「思いきってやれば成功も同じよ！ 毎日、トレーニングを積むだけでいいの。そうすればできるって！」）

【用例 2】Paul war mit seiner Arbeit lange unzufrieden. Neulich sah er ein verlockendes Stellenangebot und sagte sich: Frisch gewagt ist halb gewonnen. Er hat sich beworben und den neuen Job bekommen. Jetzt geht er wieder gern zur Arbeit.（パウルは仕事にずっと不満だった。最近、よさそうな求人をみつけ、自分に言い聞かせた。断じて行えば半ば成功、と。その求人情報に応募して、新しい職を得たところだ。今、また喜んで仕事に行っている。）

第1章　思いきってやれば半ば成功

〔2〕 Aller Anfang ist schwer.

始めは何でもむずかしい

【意味】新たなことに取り組めば、最初はたいてい困難にぶつかる。

【用法】新しい場面、状況で、ことがスムーズに運ばなくても、いずれ乗り越えられる。そうとらえて、やっかいなのは最初だけだという慰めになるし、励ましにもなる。

【ポイント】schwer は「（目方が）重い」が第一義だが、「むずかしい」を表して、冒頭の aller と韻を踏む。そのものズバリの短文。

【参考】Der erste Schritt ist immer der schwerste（最初の一歩はいつもいちばん困難）も同じような意味である。最初の erste と次の sch の音が schwer の最上級と響きあって、印象深くなっている。

【用例1】Karoline: Schön, dass du in eine neue Wohnung eingezogen bist. Wie geht es dir dort?　Sakura: Mir gefällt die Wohnung sehr gut, aber meinem Kater Go so gar nicht. Er kann sich nicht daran gewöhnen und jault jeden Abend. Aller Anfang ist schwer.（カロリーネ「新しい家に引っ越して、よかったね。どう？」さくら「とても気に入ったけれど、猫のゴーには全然だめ。慣れなくて、毎晩、鳴くのよ。最初は何でも大変ね」）

【用例2】Wir lernen Deutsch. „Aller Anfang ist schwer". Das gilt nicht nur für das Erlernen der deutschen Sprache, sondern für alles Ungewohnte, Neue. Später mit etwas Erfahrung wird es meist leichter.（私たちはドイツ語を学んでいる。「始めは何でもむずかしい」。これはドイツ語の学習だけでなく、あらゆる不慣れなこと、新しいことにあてはまる。少し経験を積めば簡単になっていくものだ。）

－3－

〔3〕 Wer A sagt, muss auch B sagen.

Ａと言う者はＢも言わなければならない

【意味】 一度始めたら、途中でやめることなく、続けるべきである。

【用法】 やり始めたことをあきらめようとしたとき、行動を促すために使う。「乗りかかった船」だと。また、一度認めたこと、決めたことについて、何があろうと責任を持つべきという文脈で用いる。

【ポイント】 ドイツ語を書くためのアルファベットは、基本の26文字に加えて、ウムラウトのある3文字とエスツェットの30文字。Ａから始まり、次にＢが来る順番は揺るがない。

【参考】 このことわざは、グリム童話の「ヘンゼルとグレーテル」に出てくる。意地悪な継母が夫を説得して、子供たちを森に置き去りにするが失敗した。今一度、森に捨てに行こうとして口にする。

【用例1】 Lisa: Ich habe gar keine Lust, zur Chorprobe zu gehen. Heute möchte ich lieber zu Hause fernsehen. Mutter: Das kommt nicht in Frage. Erst vor zwei Wochen bist du in den Chor eingetreten, weil du bei dem Konzert mitsingen wolltest. Wer A sagt, muss auch B sagen!（リーザ「合唱の練習に行きたくない。今日は家でテレビを見たいの」母親「とんでもない。音楽会で一緒に歌おうと、先々週、合唱に入ったばかりでしょ。乗りかかった船よ！」）

【用例2】 Ich liebe meinen Mann wirklich. Nur sein Hobby, das Angeln interessiert mich überhaupt nicht. So bin ich am Wochenende oft allein. Tja, wer A sagt, muss auch B sagen.（夫を本当に愛しているけれど、趣味の釣りだけはまったく関心なし。だから週末、私はたいてい一人。あーあ、Ａと言う者はＢも言うべきかしらね。）

—4—

第1章　思いきってやれば半ば成功

〔4〕 Kinder und Narren sagen die Wahrheit.

子供と馬鹿は真実を言う

【意味】利害や建前、それに相手への配慮から、人は本当のことをそのまま話すとも限らない。しかし子供や、そんなことを考えられない人は、思ったとおりに口にするものだ。

【用法】sagen（言う）は reden（語る）でもよい。誰かが真実を明らかにしたことへのコメントとして使うのが一般的である。

【ポイント】子供の口に注目して、説得力がある。Kindermund tut Wahrheit kund（子供の口は真実を知らせる）ともいう。ここで馬鹿を示す語、Narr には道化という意味がある。かつて王侯貴族に仕えた Hofnarr（宮廷道化師）が自由に話す特権を与えられていたこと（Narrenfreiheit）とも結びつく。

【参考】アンデルセンの「裸の王様」をドイツ人にも連想させる。王様が服を着ていないと指摘するのは子供だった。

【用例1】Ulla: In deiner Garage sieht es inzwischen genauso unaufgeräumt aus wie im Kinderzimmer, bemerkte dein Sohn. Lutz: Da hat er wohl Recht. Kinder und Narren sagen bekanntlich die Wahrheit. Morgen räume ich auf.（ウラ「ガレージが子供部屋みたいに散らかっているって、息子が言ってたわよ」ルッツ「確かにね。子供と馬鹿は正直に言うってことか。明日、片付けるよ」）

【用例2】Diesen Sommer wohnte ich als Gast bei Familie Schmidt. Einmal ging ich zum Friseur. Als ich nach Hause zurückkam, rief der achtjährige Sohn: „Deine Haare sehen aber komisch aus!" Kinder und Narren sagen eben die Wahrheit.（この夏、シュミット家にホームステイしたとき、美容院に行った。家に戻ると、8歳の息子が「その髪、おかしい」と叫んだ。子供と愚か者はまさに真実を言う。）

—5—

〔5〕 Im Wein liegt Wahrheit.

ワインのなかに真実がある

【意味】お酒が入ると、心がオープンになって本音が出やすい。

【用法】グラスを傾けながら、語り合う楽しみは古今東西を問わない。リラックスして、口が軽やかになり、恋の告白をしたり、他人を批判したり、お酒の力は小さくない。それを認める文脈で使う。

【ポイント】Wahrheit に定冠詞 die をつけてもよい。前ページのことわざの異形、Kinder und Betrunkene sagen immer die Wahrheit（子供と酔っ払いはいつも真実を話す）も同じ内容を指す。

【参考】ラテン語、In vino veritas のドイツ語訳であり、このオリジナルの形で口にするワイン好きも多い。In aqua sanitas（水のなかに健康がある）を引き合いに出すこともある。

【用例1】Lutz: Gestern Abend bei unserer Party hat der ruhige Thomas unserem Chef direkt ins Gesicht gesagt, er sei eingebildet. Ulla: Er hat völlig recht! Im Wein liegt Wahrheit.（ルッツ「昨夜の会で、おとなしいトーマスが社長に正面切って言ったんだ。思いあがっていますよと」ウラ「そのとおりね！ ワインのなかに真実あり」）

【用例2】Ich habe immer gedacht, meinen Mann stört es, dass ich allein zum Tango-Kurs gehe. Gestern bei einem Glas Wein gestand er mir, dass er es gut findet, weil ich danach immer so fröhlich und gut gelaunt nach Hause komme. Im Wein liegt die Wahrheit!（タンゴのレッスンに一人で通うのは、夫に悪いと思っていたの。それが昨日ワインを飲みながら、いいねって認めてくれたわ。レッスンの後、いつも上機嫌で帰るからって。ワインは真実を語るものね！）

第1章　思いきってやれば半ば成功

〔6〕 In der Kürze liegt die Würze.

短さのなかに味がある

【意味】簡潔な表現は、長く詳しい説明より好ましい。

【用法】おもに言葉が対象で、スピーチであれ、文章であれ、無駄なく本質を伝えることをよしとする文脈で使う。

【ポイント】Kürze と Würze が韻を踏む。Würze は香辛料、調味料のことで、ぴりっとさせて全体を印象づける役をになう。

【参考】シェイクスピアの『ハムレット』のセリフ、"Brevity is the soul of wit"（簡潔さが機知の精髄）のドイツ語訳としても有名。

【用例1】Julia: Den Aufsatz über Luther und die deutsche Sprache zu schreiben, fiel mir schwer. Er ist länger geworden als gedacht. Kannst du ihn bitte einmal durchlesen? Nils: Zeig mal … Hmm, ich finde, du gehst zu viel auf Nebensächlichkeiten ein. Dadurch wird das Wesentliche nicht klar. In der Kürze liegt die Würze.（ユーリア「ルターとドイツ語についてレポートを書くのはきつかった。思ったより長くなったわ。一度、目を通してくれる？」ニルス「みせて……。うーん、些末なことに立ち入りすぎていると思う。それで本質的なことがはっきりしないな。短さのなかに味わいがあるんだ」）

【用例2】Sie haben für ihr Referat über die Lage in den einzelnen Regionen nur jeweils 5 Minuten! Halten Sie sich daran: In der Kürze liegt bekanntlich die Würze.（各地域の状況について、報告できるのは5分だけです。時間は守ってください。ご存じのように、簡潔さが大切ですからね。）

〔7〕 Reden ist Silber, Schweigen ist Gold.

語るは銀、黙るは金

【意味】語ることは大切だが、状況によって黙っているほうがよい。

【用法】何らかの理由で、意図的に口をつぐむことを示す。また意見や批判を受けたくなくて、「黙っていて」と制するためにも使う。よく知られているので、後半だけでもよい。すでに口にした後だったら、Schweigen wäre Gold gewesen（黙っていれば金だったのに）と接続法に変化させる。

【ポイント】言葉よりも沈黙を認める知恵である。ことわざの起源は明らかではないが、同じような発想がタルムードや聖書にも出てくる。

【参考】日本語には明治時代に英語から入ってきて、「雄弁は銀、沈黙は金」として定着した。「言わぬが花」「言わぬは言うにまさる」とも内容が近い。

【用例1】Lutz: Hast du deiner Frau erzählt, was beim Betriebs-Ausflug passiert ist? Peter: Nein, das war doch nur eine flüchtige Affäre, ich möchte meine Ehe nicht gefährden. In dem Falle gilt wirklich: Reden ist Silber, Schweigen ist Gold!（ルッツ「会社の遠足でのこと、奥さんに話したの？」ペーター「いや、あれは一回限りのことだからね。夫婦の生活を脅かしたくないんだ。今回、本当に語るは銀、黙るは金ってことよ」）

【用例2】Können Sie uns Ihre ehrliche Meinung zu unserem neuen Produkt sagen? Bitte vergessen Sie das bekannte Sprichwort: Reden ist Silber, Schweigen ist Gold. Wir sind für jeden Hinweis sehr dankbar.（私たちの新しい商品について、率直な意見をお聞かせいただけますか？ おなじみのことわざ、「雄弁は銀、沈黙は金」は忘れてください。どんな発言でもありがたいです。）

第1章　思いきってやれば半ば成功

〔8〕Der Ton macht die Musik.

音楽はトーンしだい

【意味】何かを伝えようとするとき、話し方が肝心である。口調や
しぐさなども含めて、印象は大きく変わる。ものは言いよう。

【用法】言葉遣いや態度に問題があって、相手に思いが伝わらないと
き、このことわざとともに注意する。逆に、好ましい対応を示して、
よい結果になったときには褒めることにもなる。

【ポイント】直訳すれば「音色が音楽を作る」。Ton（トーン）は音や
響き、調子を表す。演奏は、そのトーンによって全体が決まる。

【参考】Wie man in den Wald hineinruft, so schallt es heraus（森に向
かって呼びかけたように戻ってくる）も同じような意味で使う。

【用例1】Jonas: Mensch Papa, wieso gibst du Lisa denn das Geld
für die Ferienreise und mir nicht? Das ist echt ungerecht! Papa:
Im Gegensatz zu deinem lautstarken Forderungen weiß deine
Schwester, dass es nicht selbstverständlicn ist, hat höflich gefragt.
Der Ton macht eben die Musik.（ヨーナス「ねえ、パパ、どうしてリー
ザに旅行のお金を出して、僕にはくれないの？ 不公平だよ！」パパ「そ
んなにうるさくせがむんじゃなくて、妹のほうは丁寧に聞いてきたん
だよ。音楽はトーンしだいってこと」）

【用例2】Mein Museum schließt um 14 Uhr. Doch lasse ich japanische
Gäste ausnahmsweise auch nach der Öffnungszeit noch ein, weil
sie meist nur einen Tag in Berlin sind und so freundlich darum
bitten. Der Ton macht die Musik.（博物館は2時に閉まるが、日本人
客は例外的に閉館後も入館を認めている。ベルリン滞在が一日だけで、
感じよく頼むからだ。ものは言いようよ。）

―9―

〔9〕 Übung macht den Meister.

練習が名人を作る

【意味】練習を重ねることで技能を習得し、大きな成果を得られる。

【用法】生まれながらの達人はいない。繰り返し習うのが肝心で、頑張ればできると励ます。失敗した人への慰めとしても使う。

【ポイント】Meister という語は、手工業の親方、工場長、一芸に秀でた人を示す。音楽の巨匠、バッハも練習の大切さをこう説いた。Üben Sie nur recht fleißig, so wird es schon gehen（ただ熱心に練習しなさい。そうすればうまくいくでしょう）。

【参考】Es ist noch kein Meister vom Himmel gefallen（天から降ってきた名人はまだいない）も似た内容でよく知られている。日本語では、「習うより慣れろ」に通じる。

【用例1】„Für Elise", das Klavierstück von Beethoven, übe ich täglich und hoffe: Übung macht den Meister!（ベートーベンのピアノ曲、「エリーゼのために」を毎日弾いて、練習で名人になりたいなあ。）

【用例2】Sakura: Röslein, Röslein, Röslein rot! Röslein auf der Heiden ... Für uns ist es schwer, diesen Text zu singen. Lauter r, l und Umlaute! Karoline: Aber mit ein wenig Übung gelingt es auch euch. Übung macht den Meister.（さくら「小さなバラ、バラ、赤いバラ！ 野中のバラ……私たちには、この歌詞を歌うのは難しいな。RとLの音、そしてウムラウト！」カロリーネ「でも少し練習すれば、あなたたちにもできるわよ。練習が名人を生むんだからね」）

— 10 —

第1章　思いきってやれば半ば成功

〔10〕 Probieren geht über Studieren.

実践は勉強にまさる

【意味】考えてばかりいるよりも、実際に試してみたほうがよい。

【用法】理論は大切だが、練習、実験などを通してこそ、体得できる
ものがある。その価値を認め、とにかくやってみようと勧める。

【ポイント】スポーツや技芸などの分野でよく使われる。教則本を読
むだけでは不十分で、これは Weinprobe（ワインの試飲）にもあて
はまる。説明を読むだけではまったく足りない。

【参考】「習うより慣れろ」に通じるほか、「馬には乗ってみよ人には
添うてみよ」の意味も含むといってよい。

【用例1】Julia: Ich möchte Zither lernen, weil „Der Dritte Mann"
mir so gefallen hat. Die Noten habe ich schon im Kopf. Willi:
Zither ist ein sehr kompliziertes Instrument. Versuch es einfach.
Probieren geht über Studieren. (ユーリア「チターを学びたいの。「第
三の男」がとても気に入ったから。もう楽譜も覚えたのよ」ヴィリー「チ
ターはとても複雑な楽器なんだ。まず試してごらん。考えるより、弾
いてみよう」)

【用例2】Viele Deutsche wundern sich, warum bei Kalligraphie-
oder Teekursen von den japanischen Lehrern/Meistern so wenig
erklärt wird, warum es keinen theoretischen Unterricht gibt. Das
Nachahmen im Japanischen hat wohl viel mit dem deutschen
„Probieren geht über Studieren" gemein. (なぜ書道やお茶のことを
日本人の先生はあまり説明しないのか、なぜ理論に関する授業がない
のか、多くのドイツ人が不思議に思う。日本語のならうというのは、
ドイツ語の「実践は勉強にまさる」に近いかもしれない。)

— 11 —

〔11〕 Was Hänschen nicht lernt, lernt Hans nimmermehr.

ハンス坊やが学ばないことをハンスは学ばない

【意味】 若いうちに身につけなければ、あとで習得しようとしても困難か、ほとんど無理である。

【用法】 子供のときに学ぶことが大切だと強調するときに使う。ただし、これを否定する文脈でも用いられる。最近は、シニアになって勉強するハンスも増えてきた。ことわざは必ずしも正しくない、と。

【ポイント】 Hänschen はハンス（Hans）の愛称形。ドイツの童話や歌にもよく出てくるもので、親しみが増す。

【参考】 „Hänschen klein" (小さなハンス君) という童謡は、幼くして旅に出て遍歴のあと、りっぱになって帰る話で、日本の小学唱歌「蝶々」の原曲。Früh übt sich, was ein Meister werden will（名人になろうという者は早くから習う）は、シラーの『ヴィルヘルム・テル』に由来する。子供たちが弓を使い始めたときのテルのセリフからことわざになった。

【用例】 Großvater: Ihr seid mit Handy und Computern groß geworden. Ich stamme aus der Schreibmaschinen-Zeit und komme mit Handys und Tablets einfach nicht klar. Was Hänschen nicht lernt, lernt Hans nimmermehr! Max: Aber Opa, dafür gibt es doch Kurse oder ich komme mal vorbei und zeige dir, wie es geht. Du schaffst das schon! (祖父「君たちは携帯電話とコンピューターで大きくなった。私はタイプライターの時代だったから、携帯やタブレットはわからんなあ。ハンス坊やが学ばないことをハンスは学ばない！」 マックス「でも、おじいちゃん、講習会があるよ。僕が行って、教えてあげてもいいし。できるよ！」)

第1章　思いきってやれば半ば成功

〔12〕 Man lernt nie aus.

学びつくすことはない

【意味】勉強に終わりはない。また人生の修行にはきりがない。

【用法】新しい学習や経験を重ねることを肯定する。日常生活における
　モットーとしても好まれる。

【ポイント】いくつになっても、新しい知識を得て、世界を広げられ
　ることのほか、年齢を問わず、学ぶことの深さ、大切さを説く。

【参考】日本語の「六十の手習い」は、60歳で習字を始めることや
　年とってから新たに何か習うことのたとえであるが、学ぶことを
　尊び、取り組む姿勢として、ドイツ語のことわざと重なる。

【用例1】Ulla: Du willst jetzt noch an einem Kochkurs teilnehmen?
　Wieso denn das? Du hast mit Kochbuch doch immer gut gekocht!
　Lutz: Ich möchte eben mehr lernen und den Geschmack verfeinern.
　Die Welt des Kochens ist weit. Man lernt nie aus. （ウラ「料理教室
　にまた参加するつもり？　どうして？　料理の本を見て、いつもうまく
　料理しているのに！」ルッツ「もっと学んで、味わいを深めたいんだ。
　料理の世界は奥深い。修行に切りはないね」）

【用例2】Ich wusste gar nicht, dass mein Handy auch eine Navi-
　Funktion hat. Die Technik entwickelt sich täglich weiter. Ich will
　den neuesten Trends folgen. Man lernt eben nie aus. （携帯電話にナ
　ビ機能もあるとは知らなかったな。技術は日々進歩する。最新のトレ
　ンドを追いかけていこう。まさに学びつくすことはない。）

－ 13 －

〔13〕 Ohne Fleiß kein Preis.

勤勉なくして褒美なし

【意味】一生懸命に励む者だけが、よい結果を得ることができる。

【用法】日々の努力こそ成功の鍵であり、勉強でも仕事でも勤勉であれと促す。よい成果をあげた人をたたえるほか、逆に、何もせずに結果を出せなかった人に注意する。

【ポイント】Ohne 〜 kein 〜あるいは、Kein 〜 ohne 〜（〜なしに〜はない）と二重に否定するのは、ことわざの定型的な表現の一つ。ここに、韻を踏む二語を入れた傑作で、胸にしっかりと刻むことができる。

【参考】最も典型的なドイツ語のことわざは何かとたずねると、これをあげるドイツ人が多い。

【用例1】 Du willst ein gutes Zeugnis haben? Dann musst du dich in der Schule mehr anstrengen. Ohne Fleiß kein Preis.（成績をよくしたいの？ それなら、学校でもっと頑張らなくてはね。一生懸命やらなければご褒美なしよ。）

【用例2】 Ulla: Mein Bruder hat mir viel Gemüse und Obst aus seinem Garten geschickt. Zum Glück hat er einen grünen Daumen. Lutz: Stimmt, sicher hat er auch viel dafür im Garten gearbeitet. Ohne Fleiß kein Preis.（ウラ「兄が、庭の野菜や果物をたくさん送ってくれたの。幸い、兄は緑の親指を持っているわ（園芸が得意の意）」ルッツ「そうだね。それに庭でよく働いていることも確かだよ。努力なしに成功はないから」）

第1章　思いきってやれば半ば成功

〔14〕Wer rastet, der rostet.

休む者には錆がつく

【意味】どんな活動でも、続けていないと能力が低下する。

【用法】勉強であれ運動であれ、やめてしまえばレベルが落ちたり、健康が損なわれたりする。続けていれば大丈夫だと説く。また休んでしまった結果についてもいう。

【ポイント】Wer と der, 動詞の rasten と rosten が韻を踏み、口調がよい。この内容は外国語の学習にもあてはまり、ドイツ語も続けなければ、あっという間に忘れてしまうから要注意。

【参考】英語のことわざ、A rolling stone gathers no moss（転がる石に苔はつかない）のドイツ語訳、Ein rollender Stein setzt kein Moos an も知られている。Use it, or lose it（使いなさい、さもなければ失う）は、ドイツでも英語のまま口にすることが多い。

【用例1】Mein Großvater ist 80 Jahre alt. Im Sommer schwimmt er täglich und im Winter fährt er gern Ski. Er bewegt sich viel und behauptet: Wer rastet, der rostet!（祖父は 80 歳である。夏は毎日自転車に乗り、冬はクロスカントリーに行く。大いに動いて、こう言っている。休めば錆びるって！）

【用例2】Nach dem Winter habe ich mein Fahrrad aus dem Keller geholt. Nach der ersten Tour taten mir alle Knochen weh. Wer rastet, der rostet.（冬が終わって、自転車を地下室から出した。最初のサイクリングから戻った後は、体中が痛くなった。休む者には錆がつくんだね。）

— 15 —

〔15〕 Erst die Arbeit, dann das Vergnügen.

まず仕事、それからお楽しみ

【意味】やるべきことを済ませてから、楽しもう。けじめが大事。

【用法】休んだり遊んだりする前に、やるべきことを片付けるように促す。また自分に言い聞かせることもある。

【ポイント】ドイツ語から入った日本語の「アルバイト」は副業を指すが、本来、Arbeit は本業であり、仕事、研究、勉強などを意味する。Erst ～、dann ～（まず～、そして～）は定型的な表現。

【参考】Tages Arbeit, Abends Gäste, Saure Wochen, Frohe Feste（昼間の仕事、夜の来客、つらい週日、楽しい祭り）は、ゲーテの詩、「宝掘人」の詩の一節である。ここでも、けじめが示される。

【用例1】Sakura: Ich habe noch eine Theaterkarte für heute Abend übrig. Hast du Lust mitzukommen? Karoline: Schade. Meine Hausaufgabe ist noch nicht fertig. Erst die Arbeit, dann das Vergnügen. Frag lieber jemand anderen.（さくら「今晩のお芝居の券、もう一枚あるから一緒に行かない？」カロリーネ「残念だけど、宿題がまだ終わっていないの。まず仕事、それから楽しむ。誰か他の人にあたってね」）

【用例2】Hallo, ich bin's. Bist du schon im Weinrestaurant? Ich muss noch etwas erledigen. Bitte warte dort. Erst die Arbeit, dann das Vergnügen. Bis gleich!（もしもし、私です。ワインレストランにもういる？まだ片付けが済んでなくて。そこで待っていてね。まず仕事、それからお楽しみだもの。じゃあね！）

第1章　思いきってやれば半ば成功

〔16〕 Von nichts kommt nichts.

無からは何も生じない

【意味】何もしなくては結果を得られない。無から有は生じない。

【用法】Aus nichts wird nichts（無からは何も生じない）ともいう。あらゆることには、それを生み出す元がある。成果を得るためには、準備や努力が必要であり、行動を促すときに使うことが多い。

【ポイント】Von と kommt の似た音、そして nichts の繰り返しで、口調よく、耳に残る。

【参考】元々は、紀元前1世紀のローマの詩人、哲学者、ルクレティウスの教訓詩「事物の本性について」にさかのぼる。「蒔かぬ種は生えぬ」にも通じる。

【用例1】Max: Mama, was machst du denn so früh am Sonntag im Garten? Mutter: Ich bringe Sonnenblumenkerne in die Erde, damit wir uns im Sommer an den Blumen erfreuen können. Hilf mit! Von nichts kommt nichts.（マックス「ママ、日曜の朝こんなに早く、庭で何するの？」母親「ひまわりの種を蒔くのよ、夏、お花を楽しめるように。手伝って！　何もしなければ何もできないんだからね」）

【用例2】Unsere 5 – jährige Tochter kann schon gut Ski laufen. Wenn sie es aber als Leistungssport betreiben will, sollte sie bald mit dem Training beginnen. Von nichts kommt nichts.（5歳の娘はスキーがもう上手だ。それでも競技スポーツとしてやっていこうというなら、すぐにもトレーニングを始めたほうがよいだろう。無からは何も生じない。）

— 17 —

〔17〕 Morgenstunde hat Gold im Munde.

朝の時間は黄金を口にくわえている

【意味】朝は仕事がはかどる。早起きをすれば、多くのことを成し遂げられる。早起きは三文の徳。

【用法】そのまま早起きの奨励として使う。

【ポイント】冒頭と最後の語がMで始まり、〜 unde という音を繰り返す。ラテン語の教科書の文からドイツ語に訳されたといわれ、17世紀以降ことわざとして広まった。

【参考】ドイツで学校や会社の始業時間は、日本より1〜3時間ほど早い。Der frühe Vogel fängt den Wurm（早起き鳥は虫を捕まえる）は英語から入って定着した表現だが、早起きだけでなく、むしろ人より早く始めて、成果をあげることを示唆する。

【用例1】Ich stehe um 5 Uhr auf und lerne für meinen Abschluss als Buchhalter. Morgens ist der Kopf noch frisch, da lernt es sich gut. Ich bin gespannt, ob ich bald den Beweis erbringen kann für das Sprichwort „Morgenstunde hat Gold im Munde?“（朝5時に起きて、簿記の試験勉強をしている。朝は頭が冴えて、よく学べる。朝は黄金を口にしている。このことわざが正しいと証明できるだろうか？）

【用例2】Lutz: Heute möchte ich weiter schlafen und nicht joggen gehen. Ulla: Komm, raff dich auf! Die Sonne scheint und es ist frisch. Morgenstunde hat Gold im Munde. Wer weiß, was wir Interessantes erleben bzw. wie kräftig wir uns danach fühlen!（ルッツ「今日はもっと寝てたい。ジョギングに行きたくないなあ」ウラ「さあ、起きて！ 日が照って爽やかよ。朝は黄金の時間。面白いことに出会って、元気いっぱいになるかも！」）

第1章　思いきってやれば半ば成功

〔18〕 Morgen, morgen, nur nicht heute, sagen alle faulen Leute.

明日、明日、今日だけはダメと言う怠け者

【意味】怠け者は、やるべきことを先に延ばして、結局、いつまでも手をつけない。

【用法】今、物事をきちんとするようにという教えであり、上から下への圧力が伴う。ただし、「やりなさい！」と頭ごなしに命じるのではなく、リズミカルに、歌のように言い聞かせる。

【ポイント】宿題やお稽古事について、親が子供に向かって口にすることが多い。それが頭に残り、また次の世代に伝わっていく。

【参考】作家のヴァイセ（1726～1804年）が、『子供のための歌』（1766年）の中で書いた詩、「延期」の冒頭にあり、ここから広まった。先に延ばしてはいけないとさとすものでは、Was du heute kannst besorgen, das verschiebe nicht auf morgen（今日できることを明日に延ばすな）もよく知られている。

【用例】Als Kind in den Sommerferien liebte ich es, keine Pflichten zu haben und unbeschwert zu spielen. Wenn meine Mutter am Abend sagte, ich solle mein Zimmer aufräumen, versprach ich: „Das mache ich morgen, heute bin ich müde!" Darauf antwortete sie stets mit einem Sprichwort, „Morgen, morgen, nur nicht heute, sagen alle faulen Leute!"（子供のとき夏休みは義務もなく、気楽に遊べてよかった。夜、母に部屋を片付けるようにと言われると、「明日やるよ、今日は疲れた！」と約束する。すると、母はことわざで答えていた。「明日、明日、今日だけはダメと怠け者はみんな言うの！」）

－ 19 －

コラム──ことわざは生きている

　ことわざといえば、日本でも、ドイツでも、今日、だんだん使われなくなってきたとよく言われる。確かに、古くから伝わることわざのなかには使われなくなり、消えてしまったものも多い。しかし、生き続けているものもある。また、この数十年を見ても、古いことわざが蘇ったり、新しいことわざが生まれてきた。

　ことわざの起源については、ドイツ語の場合、はるか古代ギリシャやローマの古典、そして聖書に遡るものがかなりある。その多くは、ラテン語から各国語に翻訳されて普及した。Eile mit Weile（ゆとりを持って急げ、急がば回れ）はドイツ語に翻訳されて定着した例である。ドイツに限らず、ヨーロッパでは、16世紀から17世紀半ばがことわざの黄金時代と呼ばれている。

　このようなヨーロッパ共通のことわざがある一方で、ドイツで生まれたことわざもある。とくに18世紀から19世紀には、ドイツ語による国民文学が栄えて、詩や戯曲などの文学のなかでことわざが数多く引用され、また新たな表現が生み出された。たとえば、Früh übt sich, was ein Meister werden will（名人になろうという者は早くから習う）はシラーの作品に登場して、ことわざとなった。

　20世紀に入ると、マスメディアの役割が大きくなる。スローガン、コマーシャル、歌などにことわざが使われると、一気に共有されるようになった。ドイツの国民的なスポーツ、サッカーで指導者が使った言葉が影響力を持つ場合もある。Nach dem Spiel ist vor dem Spiel（試合の後は試合の前）は、試合終了と同時に次の試合に目を向けていることを指す。現在はこれが試合だけでなく、次の試験、仕事の企画、旅行の準備などにも比喩的に使われるようになり、新しいことわざとして認められようとしている。

-20-

第 2 章

延期は中止にあらず

〔19〕 Aufgeschoben ist nicht aufgehoben.

延期は中止にあらず

【意味】今はできないが、延ばしただけである。あとでそれが実現するかもしれない。

【用法】ある時点までにできなくても、いつか可能であることを強調して、たいてい、相手の気持ちを和らげるために使う。

【ポイント】「延期する」（aufschieben）の過去分詞と、「中止する」（aufheben）の過去分詞が並び、印象的な形と響きを作りだす。

【参考】起源は5世紀のラテン語とされて、みごとなドイツ語訳になっている。

【用例1】Max: Ach, schade, heute regnet es. Wir können keinen Ausflug machen. Mutter: Na ja, es kommen auch wieder Sonnentage. Aufgeschoben ist nicht aufgehoben. （マックス「ああ残念、今日、雨が降っているよ。遠足に行かれないや」母親「そうね。また晴れるわよ。延期は中止じゃないから」）

【用例2】Nils: Hast du es schon gehört? Der angekündigte Vortrag über Sprichwörter von Prof. Berndt ist heute aus gesundheitlichen Gründen ausgefallen. Julia: Ja, aber sobald er wieder gesund ist, wird er den Vortrag nachholen. Aufgeschoben ist nicht aufgehoben. （ニルス「もう聞いた？ 今日、ベルント教授のことわざの講義は、体調を崩されて休講になったって」ユーリア「うん、でもまた元気になったら、その講義、聞かせてもらえるよね。 延期は中止にあらずよ」）

第2章　延期は中止にあらず

〔20〕Besser spät als nie.

遅れてもしないよりまし

【意味】遅れても実行したほうがよい。

【用法】何かをするのに時間がかかり、遅くなってしまったとき、謝罪や言い訳などに、このことわざを添える。とにかくやりとげてよかったというコメントにもなる。また、「今からでも遅くはない」と行動を促して、勇気づけてもよい。

【ポイント】名詞も動詞もない簡潔な表現である。英語でも同じように Better late than never という。状況に応じて、実行したことを賞賛したり、皮肉をこめたりする。

【参考】訪問客の到着が遅れた場合、ユーモアたっぷりに（時に皮肉として）口に出す、古いことわざもある。Je später der Abend, desto schöner die Gäste（夜が遅いほど、客はすばらしい）。

【用例1】In diesem Jahr haben endlich viele Freiwillige die Restaurierung der lange dem Verfall preisgegebenen Kirche unterstützt. Besser spät als nie.（長い間、手つかずで荒廃した教会の修復に、今年やっと多くのボランティアが集まった。遅れてもしないよりよい。）

【用例2】Lutz: Es war immer mein Traum, die Geschichte der Reformation zu studieren. Mit 50 habe ich den Wunsch in die Tat umgesetzt. Ulla: Herzlichen Glückwunsch! Das ist toll. Besser spät als nie!（ルッツ「宗教改革の歴史を勉強することがずっと僕の夢だった。50歳でその願いが叶えられたよ」ウラ「おめでとう。すごいわ。遅くなってもやるほうがいいわね」）

－ 23 －

〔21〕 Kommt Zeit, kommt Rat.

時が来れば策も来る

【意味】焦らずに待っていれば、やがて解決策が自然に浮かび、問題を切り抜けられるものだ。

【用法】何かの問題に対して、今はどうすべきかわからないが、希望を持って、しばらくは成り行きにまかせようと伝える。

【ポイント】語尾に t の音が 4 回も出てきて口調がよい。文法的には、Wenn Zeit kommt, dann kommt（auch）Rat と考えられる。詩や歌、新聞や雑誌の記事のタイトルによく出てくる。

【参考】とりあえず待つ姿勢には、Abwarten und Tee trinken（お茶を飲んで待っていよう）という表現もある。日本語では、「待てば海路の日和あり」、「果報は寝て待て」に通じる。

【用例1】Eric: Du bist immer mit Julia zusammen. Willst Du sie heiraten? Nils: Ehrlich gesagt, kann ich mich noch nicht entscheiden. Ich will noch abwarten. Kommt Zeit, kommt Rat.（エリック「ユーリアといつも一緒だね。結婚するつもり？」ニルス「正直言って、まだ決められない。もう少し待つよ。時が来れば、はっきりするさ」）

【用例2】Lisa: Ich mache mir Sorgen, wer meine Katze während meiner Reise nach Japan betreuen soll. Mutter: Das ist noch so lange hin! Du fährst doch erst in zwei Jahren. Kommt Zeit, kommt Rat.（リーザ「日本への旅の間、誰が猫を世話するか心配なの」母親「まだずっと先！ 旅行は二年後よ。時が来れば策も来るわ」）

第2章　延期は中止にあらず

〔22〕In der Ruhe liegt die Kraft.

落ち着きのなかに力がある

【意味】落ち着いて取り組めば、目標を達成できる。慌てて、大急ぎ
でやっても、ろくなことはない。

【用法】やるべきことがたくさんあると、落ち着きを失いやすい。途
方に暮れて、混乱しそうなとき、気持ちをしずめる大切さを説く。

【ポイント】In ～ liegt ～（～のなかに～があり）という形は、ことわざ
によくある形として、すでに出てきた（〔5〕〔6〕参照）。Ruhe は「休
息、静けさ、平穏」などを表す重要単語である。うるさいときは、
Ruhe!（静かに！）と注意する。

【参考】「急いては事をし損じる」と重なる。Blinder Eifer schadet
nur（むやみな熱中は損するだけ）ともいって、あせることなく、ゆっ
たりと取り組むべきという教えは数多い。

【用例1】Julia: Heute muss ich viele Dinge erledigen. Ich weiß gar nicht,
wo ich zuerst anfangen soll. Nils: Keine Panik! Du hast bisher alles
gut geschafft. Auch diesmal wird es gutgehen. Immer schön der
Reihe nach. In der Ruhe liegt die Kraft.（ユーリア「今日はいっぱい
片付けなくては。どこから手をつけていいのやら」ニルス「パニック
にならないで！今までちゃんとやってきたんだ。今度もうまくいくよ。
一つ一つ順番どおりにね。落ち着いてやれば大丈夫」）

【用例2】Wenn ich ein unlösbares Problem habe, setze ich michhin
und meditiere. Meist habe ich danach eine gute Idee. In der Ruhe
liegt die Kraft.（解決できない問題があると、私は座って瞑想する。
その後、よい考えが浮かぶことが多い。落ち着きのなかに力がある。）

〔23〕 Wer zuerst kommt, mahlt zuerst.

最初に来た者が最初に粉をひく

【意味】 誰よりも早く行くと、最初に利益を得られる。

【用法】 来た順番に優先権を与えるのは、社会秩序を保つためのルールの一つ。それを認めることをユーモラスに示す。

【ポイント】 昔は、集落ごとに水車のところに皆が集まって、穀類を粉にひいた。そのイメージがことわざと結びついている。

【参考】 このことわざは、ドイツ中世で最も重要な法書、ザクセン法鑑（1215～35年に成立）に出てくる。「先んずれば人を制す」「早い者勝ち」と重なる。英語では、First come, first served（最初に来た者が最初にもてなされる）という。

【用例1】 Das Klassenzimmer in unserer Schule ist am nächsten Wochenende frei. Sie können es für Ihre Versammlung nutzen. Entscheiden Sie sich aber bald, wir haben noch andere Anfragen. Wer zuerst kommt, mahlt zuerst.（来週末、学校の教室が空いていて、集まりに使えます。でも、すぐに決めてくださいね。他から問い合わせもありますから。最初に来た者が最初に粉をひく、ということで。）

【用例2】 Nils: Wollen wir uns heute im Sportler-Café treffen, um Fußball anzuschauen? Eric: Lass uns rechtzeitig hingehen. Je eher wir dort sind, umso bessere Plätze bekommen wir. Wer zuerst kommt, mahlt zuerst!（ニルス「今日、スポーツカフェで会って、サッカーを見ようか？」エリック「早めに行こう。先に行けばそれだけ、よい席がとれるからね。早い者勝ちだよ」）

第2章　延期は中止にあらず

〔24〕Wer zu spät kommt, den bestraft das Leben.

遅れてくる者を人生は罰する

【意味】遅くなって、適切な時期をはずしてしまうと、何も得られず、よいことはない。

【用法】早く行けばよかったのに、遅れたばかりに残念な結果となったとき、当然だという文脈で相手をさとす。自分自身にもいう。

【ポイント】人生が罰するという表現は仰々しいが、日常の場面で使われる。日本語の「罰（バチ）があたる」と重なりそうだ。

【参考】1989 年 10 月、東ドイツの建国 40 周年式典の際、当時のソ連共産党書記長ゴルバチョフが発した言葉とされて、またたく間に世間に広まった。今ではごく普通に用いられている。

【用例 1】Nils: Hätte ich gewusst, dass das Büfett zu deinem Geburtstag nach einer Stunde schon völlig leer gegessen ist, wäre ich eher gekommen! Eric: Tut mir leid. Aber wer zu spät kommt, den bestraft das Leben.（ニルス「君の誕生パーティーのビュッフェが 1 時間でなくなるって知ってたら、もっと早く来たのになあ！」エリック「気の毒だけれど、遅れる者に人生は罰を与えるんだよ」）

【用例 2】Der Verkauf der Konzertkarten begann um 10 Uhr. Als ich nachmittags kam, waren schon alle ausverkauft. Tja, wer zu spät kommt, den bestraft das Leben.（コンサートのチケットの販売が 10 時に始まった。午後に行ったら、もう売り切れだった。あ〜あ、遅れたから罰があたったのか。）

－ 27 －

〔25〕Zeit ist Geld.

時は金なり

【意味】時間は貴重であり、無駄にしてはいけない。

【用法】時間のロスは、お金のロスに等しい。時間を有効に使えという教訓のほか、時間を得るためにお金をあえて出す理由としても用いられる。

【ポイント】Time is money と英語で言うドイツ人も多い。英語やドイツ語では抽象的、倫理的な言葉ではなく、具体的、実利的である。

【参考】時間を大切にする教えは古代ギリシャまでさかのぼることができるが、アメリカの政治家、著述家のフランクリン（1708～90）の言葉のドイツ語訳としても有名になった。日本語にも英語から入り、常用である。

【用例1】Kollegen, die Mittagspause ist um! Wir müssen unseren Auftrag unbedingt heute fertigstellen, sonst bekommen wir kein Honorar. An die Arbeit! Zeit ist Geld!（皆さん、昼休みが終わりました。任務は今日中にどうしても果たす必要があります。そうでないと、報酬をもらえませんよ。さあ、仕事にかかりましょう。時は金なりです。）

【用例2】Ulla: Wir müssen uns überlegen, ob wir mit dem Zug reisen oder mit dem Flugzeug. Lutz: Der Flug ist zwar teurer, aber wir sind fünf Stunden eher am Ziel. Fliegen wir lieber! Zeit ist Geld!（ウラ「列車で行くか、飛行機で行くか、検討しなくてはね」ルッツ「飛行機は高いけれど、5時間も早く目的地に着くんだ。いっそ飛ぼう。時は金なり！」）

第2章　延期は中止にあらず

〔26〕Geld regiert die Welt.

お金が世界を支配する

【意味】お金は決定的な力を持つ。

【用法】お金を使って、状況を変えたり、何かをなしとげたときに、コメントする。皮肉な調子をおびることが多い。

【ポイント】このことわざは、17世紀初めの辞書にすでに載っている。お金と権力は昔からしっかり結びついていたといえるだろう。

【参考】Wer zahlt, schafft an（支払う者が命令する）もお金の威力を端的に示したもの。日本語では「金が物を言う」、「地獄の沙汰も金次第」という。

【用例1】Nils: Weißt du, warum der Vater von Thomas bei der Einschulung einen Ehrenplatz auf der Bühne bekommen hat und sein Sohn Kapitän der Handball-Mannschaft wurde? Eric: Sicher hat er viel Geld gespendet. Geld regiert die Welt.（ニルス「入学式で、なぜトーマスの父親が特別席に座り、息子はハンドボールチームのキャプテンになったか知ってる？」エリック「多額な寄付をしたんだろうね。お金が世界を支配するのさ」）

【用例2】Gegen den Plan eines neuen Hochhauses gab es bei den Bewohnern der Umgebung anfangs starken Protest. Doch der Widerstand erlosch sehr schnell. Sicher hat die Baufirma Schmiergelder gezahlt. Am Ende gilt: Geld regiert die Welt.（新しい高層ビル計画は近隣の住人に大反対されていたが、抵抗はすぐ消えてしまった。建設会社が賄賂を使ったのだろう。結局、この世は金の力が物を言うってことだ。）

〔27〕 Geld allein macht nicht glücklich.

お金だけでは幸せになれない

【意味】 人を幸福にするのはお金だけではない。お金持ちが必ずしも幸福とは限らない。

【用法】 比喩ではなく、単刀直入にいう。状況に応じて、批判にもなれば、あきらめや慰めにもなる。

【ポイント】 お金を持つことの一面の真理を説くが、～ aber es beruhigt（でも、あれば安心）、～ aber kein Geld auch nicht（でも、お金がないのも幸せでない）と続ける言い回しもある。

【参考】 日本では、かつて旧制高校などでドイツ語を盛んに学んだ時代があった。当時の学生の俗語で、お金（Geld）がないことをゲルピン（ゲルトがピンチの略、あるいは「貧」のなまり）といった。

【用例1】 Ich habe im Lotto ziemlich viel Geld gewonnen. Die Hälfte davon habe ich in ein Projekt für Kinder in Afrika investiert. Geld allein macht nicht glücklich, aber das Gefühl, damit etwas Gutes für andere zu tun.（宝くじでかなりの金額を得た。その半分はアフリカの子供のためのプロジェクトに寄付した。お金だけで幸せにはなれないが、他の人のためによいことをする感覚は悪くない。）

【用例2】 Ich habe mein Wochenend-Haus auf dem Lande verkauft. Es war traumhaft dort, aber ich musste mein Gehalt in Reparaturen stecken und jedes Wochenende Rasen mähen. Nun habe ich Geld, aber Geld allein macht nicht glücklich. Mir fehlt mein grünes Paradies sehr.（週末用の田舎の別荘を売った。そこは夢のようだったが、給料を修理のためにつぎこみ、毎週末、芝を刈る必要があった。今、お金はあるけれど、お金だけでは満たされない。私の緑の天国が消えて寂しいなあ。）

第2章　延期は中止にあらず

〔28〕 Umsonst ist nur der Tod.

ただなのは死ぬことだけ

【意味】生きている限り、何事にもお金がかかる。お金なしで済むものなど何ひとつない。

【用法】出費が予想外に生じたり、高額だったりしたときに、皮肉をこめて、あるいは冗談めかして言う。

【ポイント】オーバーな表現によって、笑うしかなく、気分転換を促す効果がある。このことわざの後に、〜 und der kostet das Leben（そして死ぬには命がかかる）と続けて、さらに笑いを誘うことも。

【用例1】Gast: In meinem Reiseführer steht, dass der Eintritt in Ihrem Museum kostenlos ist!? Frau an der Kasse: Die Mindestlöhne für die Aufsichtskräfte sind gestiegen und unsere neue Dauerausstellung war auch teuer. Deshalb nehmen wir seit Januar 5 Euro. Umsonst ist nur der Tod!（客「こちらの博物館は入場無料とガイドブックにありますけど」受付の女性「係員の最低賃金が上がったし、新しい常設展にお金がかかるんですよ。それで、1月から5ユーロ、いただいています。ただなのは死ぬことだけですからねえ」）

【用例2】Ich habe meiner Freundin monatelang bei ihrer Abschlussarbeit geholfen, und als ich sie jetzt um eine kurze Übersetzung aus dem Französischen bat, wollte sie dafür Geld von mir haben. Umsonst ist wirklich nur noch der Tod!（友達が卒業論文を書くとき、何か月も手伝ってあげたのに、今、フランス語の短い翻訳を頼んだら、お金を請求されてしまった。ただなのは本当に死ぬことだけなのか。）

— 31 —

〔29〕 Wer den Pfennig nicht ehrt, ist des Talers nicht wert.

ペニヒを大切にしない者はターラーを持つ価なし

【意味】 小さな金額や小銭を大切にしなければ、大金を持つことなどできない。

【用法】 わずかなお金でも軽んじてはいけないと戒める。Wer den Cent nicht ehrt, ist des Euros nicht wert（セントを尊ばない者はユーロを持つ価値なし）と現代通貨に合わせた形も出てきている。

【ポイント】 はした金を馬鹿にしていると、「一円を笑う者は一円に泣く」ことになり、お金は貯まらない。倹約の精神にもつながる。

【参考】 ペニヒは、ユーロ導入前にドイツで長く使われていた貨幣単位で、小銭を象徴する。1 ペニヒ硬貨は「幸運なペニヒ」と呼ばれ、大切にされてきた。ターラーは 16 ～ 18 世紀に通用した銀貨である。

【用例 1】 Verkäufer: Das macht 4.99 Euro, 1 Cent zurück. Lisa: Stimmt so. Behalten Sie ihn. Verkäufer: Wer den Pfennig nicht ehrt, ist den Talers nicht wert. Nehmen sie ihn lieber, er könnte Ihnen finanzielles Glück bringen.（店員「4 ユーロ 99 なので、1 セントお返しです」リーザ「はい、おつりはけっこうです」店員「ペニヒを大切にしない者はターラーを持つ価なし。受け取ってくださいよ、このお金で幸せになるかもしれませんからね」）

【用例 2】 Max: Meinst du, ich kann dieses Spielzeug für 3 Euro mit einzelnen Cent-Stücken bezahlen?　Mutter: Na klar! Cent sind auch Geld. Wer den Pfennig nicht ehrt, ist des Talers nicht wert.（マックス「ねえ、この 3 ユーロのおもちゃ、セントで払える？」母親「もちろん！ セントもお金。ペニヒを大切にしなきゃ、ターラーも持てないの」）

第2章　延期は中止にあらず

〔30〕 Kleinvieh macht auch Mist.

小さな家畜も肥やしを作る

【意味】わずかな成果や収益でも、まとまれば役に立つ。

【用法】ほとんどの場合、対象はお金である。利息、貯金、寄付、クラウドファンディングなどで、小額でもたくさん集まれば相当の額になり、あなどれないことをいう。倹約の勧めにも使う。

【ポイント】Kleinvieh とは、羊、ヤギ、ウサギなど体の小さな家畜の総称。Mist は「家畜の糞尿」「堆肥」で、このことわざではよい意味だが、「なんてこと！」と憤りを示すときにも使われる。

【参考】「塵も積もれば山となる」と意味が重なる。英語では、Every little helps（わずかでもみな役に立つ）が近い。

【用例1】Ich sammele alle Zwei-Euro-Stücke. Die kommen in das Sparschwein und später werde ich mir davon etwas Schönes kaufen. Kleinvieh macht auch Mist.（2ユーロ硬貨を集めている。豚の貯金箱に入れて、何かよいものを買おう。塵も積もれば山となる。）

【用例2】Lisa: Wirf die Plastikflasche doch einfach in den Papierkorb! Mutter: Von wegen, dafür gibt es 15 Cent Pfand und ich habe noch mehr leere Flaschen zu Hause. Kleinvieh macht auch Mist. Für den Flaschenpfand kann ich schon wieder Milch oder Brot kaufen!（リーザ「プラスチックの瓶は、すぐゴミ箱へ！」母親「とんでもない、15セントの払い戻しがあるわよ。空のボトルがまだ何本かあったでしょ。小さな家畜も肥やしを作る。ボトルの払い戻しで、また牛乳やパンが買えるんだから！」）

— 33 —

〔31〕 Wie gewonnen, so zerronnen.

得たように消える

【意味】 努力せず簡単に手に入ったお金は、また、たちまち失われていくものだ。来たりしごとく去る。

【用法】 たまたま得たお金が、あっという間に手元から消えたとき、慰めたり、あきらめようとして口にする。賭けごとや投資との結びつきも強い。

【ポイント】 Wie と so が対応して、主語なし、動詞の過去分詞のみで印象的な表現になっている。Leicht gewonnen, leicht zerronnen（簡単に得て簡単に消える）という形も古くは使われていた。英語では、Easy come, easy go（簡単に来るものは簡単に去る）という。

【参考】 「悪銭身につかず」は盗みや賭けごとで不正に得た場合のほか、苦労せずにたまたま大金が入ったときにも使われる。そんなお金はすぐに消えるということで、ドイツ語のことわざに通じる。

【用例1】 Neulich habe ich im Lotto 1000 Euro gewonnen. Ich habe mich sehr gefreut, so viel Geld zu besitzen. Ich habe mir dafür ein neues Fahrrad und einen Kühlschrank gekauft. Nun ist nichts mehr da. Wie gewonnen, so zerronnen.（最近、宝くじで1000ユーロ当たった。大金を得て大喜びした。それで新しい自転車と冷蔵庫を買って、もう何も残らない。得たように消えていったね。）

【用例2】 Ich hätte die VW-Aktien verkaufen sollen, als sie günstig standen. Jetzt ist der Kurs gefallen und sie sind kaum noch etwas wert. Wie gewonnen, so zerronnen.（フォルクスワーゲンの株、高いときに売っておけばよかったな。今では、株の相場が下がって、もうほとんど価値がない。儲けたように失われたよ。）

— 34 —

第2章　延期は中止にあらず

〔32〕 Gelegenheit macht Diebe.

機会が泥棒を生む

【意味】金品などが目の前に放置されていれば、理性を失って、盗みや不正に手を出してしまう人がいる。

【用法】不注意で何かを盗まれたとき、あとから状況を振り返って、自らの責任だと納得させることが多い。また事前の警告にもなる。

【ポイント】盗みは計画的な犯行とは限らない。たまたま居合わせて、魔が差すこともある。ほんの出来心で盗むので、付け入る機会を与えるほうが悪いというニュアンスが含まれる。

【参考】ラテン語の古いことわざからドイツ語に入った。ロッシーニのイタリア語のオペラで、恋泥棒を扱う同タイトルの作品があり、そのドイツ語訳で使われる。ゲーテは『西東詩集』で、「機会が泥棒を作るのではなく、機会自身が大泥棒である」と書いて、やはり恋愛と関連づけた。Diebe（泥棒）と Liebe（恋愛）は一字違いである。

【用例1】Max: Mein Fahrrad ist gestohlen worden! Mutter: Hast du es nicht angeschlossen? Max: Ich glaube, ich habe es gestern Abend vergessen. Mutter: Dann musst du dich nicht wundern. Gelegenheit macht Diebe.（マックス「自転車、盗まれた！」母親「鍵をかけなかったの？」マックス「夕べは忘れたと思う」母親「それなら不思議ではないわね。機会を作ったから盗まれたのよ」）

【用例2】Bei der Ausstellungseröffnung sollte jeder Gast pro Glas Wein 1 Euro in eine Schachtel werfen. Am Ende war sie aber leer. Offenbar hatte jemand das Geld gestohlen. Gelegenheit macht Diebe.（展示会のオープニングで、ゲストはそれぞれワイン1杯につき1ユーロ、箱に入れることになっていた。でも終わってみると、箱は空だった。誰かがお金を盗んだのだろう。機会が泥棒を生む。）

コラム —— ことば遊びとことわざ

　ことわざのなかには、ことば遊びの要素が強いものが少なくない。まず同音異義語による語呂合わせがあげられる。日本語でも、たとえば「亀のこう（甲）より年のこう（功）」という。

　ドイツ語の例を見てみよう。

　Altes Brot ist nicht hart, aber kein Brot, das ist hart（古いパンは辛くないが、パンがないのは辛い）。 hart（英語の hard）は「硬い」という意味があり、古いパンはまず硬い。それを「辛い」とかけていて、さらに口調を整えている。

　Besser arm dran als Arm ab（腕を切るより貧しいほうがよい）。これはシビアなことわざで、身体に痛みや問題があるよりも、貧乏なほうがまだ耐えられるという。「腕」を表す名詞 Arm と、「貧しい」の形容詞 arm が同音で語呂合わせとなっている。

　次に、単語のレベルではなくて、文章全体として、当たり前のことをいうだけの次のようなことば遊びもある。

　Wenn der Hahn kräht auf dem Mist, ändert sich das Wetter, oder es bleibt, wie es ist（雄鶏が糞の上で鳴けば、天気が変わるか、あるいはそのままである）。

　Lieber reich und gesund als arm und krank（貧しくて病気であるよりも、金持ちで健康がよい）。

　あまりにも当然なことをいって、笑いを誘う。時には痛烈な皮肉にもなる。日本語でいえば、「雨の降る日は天気が悪い」、「犬が西向きゃ尾は東」の類である。ことわざには、まじめな教訓を含むものが多い一方で、笑いやユーモアにあふれ、ことば遊びによって、ことばそのものを楽しむ要素もとても大きい。

第 3 章

酸っぱいのは楽しい

〔33〕 Sauer macht lustig.

酸っぱいのは楽しい

【意味】酸味のあるものを食べたり飲んだりすると愉快になる。

【用法】食卓で酸っぱさを感じると、その刺激で顔をしかめ、思わず笑ったり、笑われたりすることがある。そんなときに、口にするイメージが強い。

【ポイント】科学的根拠は明らかでないが、民衆の経験として広く知られている。わざわざ口にすることで、飲食に彩りや和みを与えてくれる。

【参考】ドイツで酸っぱいものといえば、レモン、酢、ピクルスのほか、ザウアークラウトもはずせない。ソーセージや肉料理の付け合わせとしておなじみである。キャベツを細く切ってから塩漬けにして発酵させたもので、冬の保存食としてもドイツの食生活を長く支えてきた。

【用例1】Julia: Hier ist mein Lieblingsrestaurant. Ich empfehle Dir Rollmops. Das sind Heringe, die in Essig und Salz eingelegt und mit Gewürzgurke und Zwiebeln zusammengerollt sind. Nils: Gut, ich probiere es. Sauer macht sicher lustig!（ユーリア「ここは私のお気に入りのレストラン。ロルモップスをお勧めするわ。ニシンを酢と塩に漬けて、ピクルスとタマネギを一緒に巻いたものよ」ニルス「よし、試してみるよ。酸っぱくて楽しくなるね！」）

【用例2】Oh, der Wein schmeckt aber sauer. Pech gehabt. Na, macht nichts, sauer macht lustig! Prost!（わあ、このワイン、酸っぱい。ついてないや。まあ、いいか、酸っぱいのは楽しいから！ 乾杯！）

― 38 ―

第3章　酸っぱいのは楽しい

〔34〕 Liebe geht durch den Magen.

愛情は胃を通ってしみこむ

【意味】おいしい料理は人を喜ばせ、お互いの気持ちをつなぐ。

【用法】Liebe の前に定冠詞 die、所有冠詞 ihre, seine などをつけても
よい。料理すること、料理でもてなすことを認める文脈で使う。

【ポイント】かつては、料理上手の女性が男性の心をつかむことをもっ
ぱら指していた。今日では男女を問わないし、カップルに限定さ
れることもない。古いことわざだが、軽やかに使われる。

【参考】英語では、The way to man's heart is through his stomach（男
のハートへの道は胃袋を通して）ともっとはっきりいう。

【用例1】Karoline: Mein neuer Freund kocht gern und gut. Ich bin
sehr glücklich mit ihm. Sakura: Ich beneide dich. Solange ihr
verliebt seid, bekommst du immer leckeres Essen. Bestimmt läuft
es bei euch nach dem alten Sprichwort: Die Liebe geht durch den
Magen.（カロリーネ「新しい恋人は料理が好きで上手なの。一緒にい
てとても幸せよ」さくら「うらやましい。愛し合っている限り、おい
しいものを食べられるなんて。あなたたちの間では、古いことわざの
とおり、愛情が胃を通っていくのね」）

【用例2】Zu Weihnachten bereitet meine Großmutter immer mit viel
Liebe　den Gänsebraten für unsere ganze Familie zu. Bei ihr
schmeckt er besonders gut. Beim Essen spürt man sofort. Ja, ihre
Liebe geht durch unseren Magen.（クリスマスになると、祖母はガチョ
ウの丸焼きを家族のために心をこめて料理してくれます。そのおいし
さは格別ですね。食べてすぐに感じるのが、そう、祖母の愛情が私た
ちの胃にしみこむってことです。）

— 39 —

〔35〕Es wird nichts so heiß gegessen, wie es gekocht wird.

煮た熱さのままで食べるものはない

【意味】最初はひどい状況を思い浮かべて心配しても、ことが進めば案外それほどでもないこと。

【用法】Nichts wird so heiß gegessen, ～と、不定代名詞が冒頭に来る形もある。不安に駆られる人を勇気づける。また、自分自身で実際は心配したほどではなかったと振り返るときにも使う。

【ポイント】煮えたときは熱くて危険そうにみえるが、いざ口にするとたいしたことない。取り越し苦労は無用だとポジティブに説く。

【参考】「案ずるより産むが易し」と通じる。日本語では、出産を比喩に、むやみに取り越し苦労する必要はないことをいう。

【用例1】Peter: Wie sollen wir denn dieses komplizierte Projekt umsetzen mit so wenigen Leuten ? Lutz: Mach dir keine Sorgen, es hört sich schlimmer an, als es ist. Es wird nichts so heiß gegessen, wie es gekocht wird.（ペーター「この複雑なプロジェクトを実現するのに、少ない人数でどうしたらいいんだろう？」ルッツ「心配することはないよ。実際はそれほど大変じゃないさ。煮た熱さのままで食べるものはないって」）

【用例2】Am Anfang sah der Fragebogen sehr kompliziert aus. Nachdem ich Frage für Frage ausgefüllt habe, war ich froh, dass ich es allein geschafft hatte. Es wird eben nichts so heiss gegessen, wie es gekocht wird.（アンケートは最初とてもやっかいだと思ったけど、一つ一つ答えていったら、一人でできてよかった。案ずるより産むが易しだね。）

第3章　酸っぱいのは楽しい

〔36〕Was der Bauer nicht kennt, das frisst er nicht.

農夫は知らないものを食べない

【意味】新しいものに警戒して、手を触れないことのたとえ。

【用法】まず、文字どおり、食わず嫌いで、食べ物に対する拒否をこのことわざでやんわりと示す。また、あらゆることについて、頑固で保守的な人や態度を指すこともある。代名詞の das は省略可。

【ポイント】frisst の原形、fressen は、「（動物が）食べる」「（人間が）むさぼり食う」。一般に「食べる」は essen を使うので、このことわざも、essen の三人称単数、isst としてもよい。

【用例1】Ulla: Wieso trinkst du keine Sojamilch? Sie ist so ähnlich wie Kuhmilch, nur gesünder weil pflanzlich! Lutz: Ja, ich weiß. Aber irgendwie habe ich keine Lust auf Neues. Ich bleibe lieber bei der gewohnten Milch. Was der Bauer nicht kennt, das frisst er nicht.（ウラ「何で豆乳を飲まないの？　牛乳みたいで、植物性だからもっと健康的よ！」ルッツ「そうだね。でも新しいものは何か飲む気がしない。慣れた牛乳でいいや。農夫は知らないものを食べないんだ」）

【用例2】In Japan ist Reiskuchensuppe eine Spezialität zu Neujahr. Ich habe sie für meinen deutschen Gast gekocht. Aber er hat nur einen Löffel probiert und gesagt: Das ist ja wie Gummi. Nein danke! Was der Bauer nicht kennt, isst er nicht.（お雑煮は日本の正月料理です。ドイツ人のお客様のためにお雑煮を作りました。けれども、お餅を一口試すなり、「これはガムみたいだな。ありがとう、やめておく。農夫は知らないものを食べないんで」と言われました。）

— 41 —

〔37〕 Viele Köche verderben den Brei.

料理人が多いと粥をだめにする

【意味】意見を述べる人、決定できる人が大勢いると、方針が定まらず、物ごとはうまくいかないものだ。

【用法】何かを進めていく際、多くの人が口を出して、収拾がつかなくなることがある。そんな状況にならないように警告したり、批判するときにいう。

【ポイント】Koch（料理人、シェフ）は料理を作るプロ。それぞれのやり方、技術があるのは当然で、一人で大きな権限を持っている。複数いればよいものができるわけではない。「船頭多くして船山にのぼる」と重なる。

【参考】Brei といえば、粥、ジャム、のりなどを指す。粥は麦など穀物を砕いて、ドロドロに煮たもの。英語では、Too many cooks spoil the broth（多くの料理人はスープをだめにする）という。

【用例】Nils: Morgen findet ein Symposium statt. Es sind viele Experten geladen, die das Humboldt-Forum im alten Berliner Schloss bei der Gestaltung der Ausstellung zur traditionellen chinesischen Medizin beraten sollen. Julia: Beneidenswert! Welcher Ausstellungsgestalter kann schon auf so viel Fachkompetenz zurückgreifen? Aber zu viele Meinungen bergen auch eine Gefahr. Viele Köche verderben den Brei.（ニルス「明日、シンポジウムがある。多くの専門家が招待されて、ベルリン王宮のフンボルト - フォーラムで、伝統的中国医学の展示会の企画について助言するんだ」ユーリア「うらやましい！ どこの展示会の企画者が、そんなに専門家を呼んで来られるの？ でも意見が多すぎて危険もあるわね。料理人が多いとお粥をだめにするって」）

第3章　酸っぱいのは楽しい

〔38〕 Hunger ist der beste Koch.

空腹は最高の料理人

【意味】お腹がすいていれば、どんな食べ物もおいしい。

【用法】食事がごく簡素だったり、味がよくなくても、食欲旺盛に食べられる理由として、ユーモラスに口にすることが多い。

【ポイント】最上級の best を使っていて、誇張表現といえるが、誰でも実感でき、共感が得られる表現といえよう。もう一つよく使うのが、Hunger treibts rein（空きっ腹で流し込む）。味にかまわず、ただ食べることを茶化していう。

【参考】日本でも、「ひもじいときにまずいものなし」という。空腹についてのことわざは古代ローマからあり、古今東西を問わない。英語では、Hunger is the best sauce（空腹は最高のソース）になる。

【用例1】Nach der langen Tagung gab es nur belegte Brote und Kekse. Die wurden sehr schnell aufgegessen. Hunger ist der beste Koch.（長い会議のあと、サンドイッチとビスケットしか出てこなかった。とはいえ、どちらもあっと言う間になくなった。すきっ腹にまずいものなしってことか。）

【用例2】Lutz: Kann ich noch mehr von den leckeren Kartoffeln haben? Ulla: Gerne, die habe ich zubereitet wie immer. Dein Appetit kommt sicher von der Gartenarbeit heute Vormittag. Hunger ist der beste Koch!（ルッツ「おいしいじゃがいも、もっともらえる？」ウラ「どうぞ、いつものように作っただけよ。あなたの食欲は午前中の庭仕事のせいね。空腹は最上の料理人！」）

— 43 —

〔39〕 In der Not frisst der Teufel Fliegen.

困れば悪魔はハエを食べる

【意味】せっぱ詰まった状況では、あり合わせのもので間に合わせるしかない。あるものでよしとすることのたとえ。

【用法】困ったことが起こり、それしか選択肢がないときは、普通なら絶対に避けたいものであっても受け入れるほかないことをいう。

【ポイント】「悪魔」と「ハエ」のたとえが面白く、笑いを誘うユーモアがある。仕方がないというニュアンスを含む。

【参考】「背に腹は代えられない」に通じる。Not（必要、急迫、苦境）に関することわざには、Not kennt kein Gebot（窮すれば掟なし）、Not macht erfinderisch（必要あれば工夫する）などほかにも多い。

【用例1】Eric: Hast du den Auftrag für den Gepäck-Transport wirklich übernommen? Das ist eine schwierige Arbeit. Nils: Ja, und finanziell gesehen war das Angebot auch nicht gut. Aber ich brauche dringend Geld. In der Not frisst der Teufel Fliegen.（エリック「荷物運びの仕事を本当にひき受けたの？ きつい作業だね」ニルス「うん、金額から見ても、よい条件じゃなかったけど、お金がすぐ必要でね。背に腹は代えられないってこと」）

【用例2】 Bald werden wir die Frankfurter Messe besuchen. Während der Messe ist es sehr schwer, ein Hotelzimmer in der Stadt zu finden. Diesmal konnten wir eins im etwas entfernten Mainz buchen. In der Not frisst der Teufel Fliegen.（まもなくフランクフルト見本市に行く。見本市の間、市内で宿を見つけるのはむずかしいけれど、今回は、少し離れたマインツで予約できた。ピンチで悪魔はハエを食べるんだよ。）

— 44 —

第3章　酸っぱいのは楽しい

〔40〕 Mit Speck fängt man Mäuse.

脂身でねずみを捕る

【意味】よい獲物をよい餌で捕まえる。甘い言葉、魅力的な申し出によって、人を思い通りにすることのたとえ。

【用法】特別な言葉、モノやオマケをうまく利用して、目的を果たすことについて、批判的に使う。

【ポイント】Speck（脂肪、脂身、ベーコン）は、おいしい餌として、おとりになる。背後に、誘惑して捕まえようとする意図がある。

【参考】政治の世界でもよく使われることわざ。選挙の前に、候補者が減税を公約にあげ、有権者の票を獲得、当選する場合など。

【用例1】Nils: Wie funktioniert eigentlich dein Drucker, den du letzte Woche gebraucht gekauft hast? Julia: Den musste ich schon zur Reparatur bringen. Ich habe geglaubt, was der Verkäufer mir über das Gerät vorschwärmte. Er wusste genau: Mit Speck fängt man Mäuse.（ニルス「先週、中古で買ったプリンターはどう？」ユーリア「もう修理に出したのよ。販売員の話を信じてたんだけど。でも彼は知っていたのね。脂身でねずみを捕るって」）

【用例2】In diesem Supermarkt ist eine billige Lunchbox beliebt. Sie wird wirklich viel verkauft und dann nehmen die Kunden gleich noch andere Sachen mit. Die Lunchbox ist ein Lockartikel. Die Strategie ist: Mit Speck fängt man Mäuse.（このスーパーでは、安いランチボックスが人気である。本当にたくさん売れて、お客は他のものも一緒に買っていく。ランチボックスは目玉商品。「脂身でねずみを捕る」作戦である。）

— 45 —

〔41〕 Alles hat ein Ende, nur die Wurst hat zwei.

すべてに終わりが一つあり、ソーセージだけには二つ

【意味】いつまでも続くものはない。何でも一度は終わる。

【用法】終了することを面白おかしくいう。本当はやめたくなくて、続けたいがという気持ちをこめる。仕方ないけれど、受け入れるようにと促すことが多い。

【ポイント】Ende には「終わり」のほかに、「端」という意味がある。その二つをかけて、ことば遊びになっている。

【参考】古いことわざだが、後に、シュテファン・レムラーの同名の歌（1986 年）で有名になり、広く受け入れられた。これは男性が未練を残しながら女性の元を去って行く歌である。

【用例1】DJ: Jetzt kommt der letzte Tanz! Wir schließen in 10 Minuten. Alles hat ein Ende, nur die Wurst hat zwei! Wir wünschen Ihnen einen schönen Abend und gute Nacht!（DJ「では最後のダンスを！ 10 分後にお終いですよ。すべてに終わりが一つあり、ソーセージだけには二つ！ すてきな夜をお過ごしください！」）

【用例2】Eric: Hast du deine Bachelor-Arbeit immer noch nicht abgegeben? Wie lange willst du denn noch studieren? Alles hat ein Ende, nur die Wurst hat zwei. Nils: Ich weiß ja, aber ich wollte unbedingt noch eine Sache recherchieren und es besonders gut machen.（エリック「卒論、まだ出していないの？ 一体どれだけ勉強するつもり？ どんなものにも終わりが一つあり、ソーセージだけは二つだよ」ニルス「わかっているけど、もう一点だけどうしても調べたいんだ。そうすればすばらしい論文になるよ」）

― 46 ―

第3章　酸っぱいのは楽しい

〔42〕 Allzu viel ist ungesund.

多すぎては不健康

【意味】何事も適度がよく、度が過ぎれば害になる。

【用法】ほどほどにしておくようにと戒める。飲食の加減、スポーツの練習量から、行動一般まで応用できる。

【ポイント】つい食べすぎたり、飲みすぎたり、無理することは誰にでもあるだろう。ほどよさが肝心ということになるが、それがむずかしいから、このことわざの出番がある。

【参考】「過ぎたるはなお及ばざるがごとし」と重なる。程度に関しては、Weniger ist mehr（少ないほうがもっと豊か）という言い回しがあって、最小限の要素で表現するアーチストや、モノを持たない主義の人の間でモットーにもなっている。

【用例1】Wein ist gesund. Aber es ist wichtig, Maß zu halten. Allzu viel ist ungesund.（ワインは健康によいが、適量を守ることが大切である。多すぎては健康によくない。）

【用例2】Nils: Gestern Nacht habe ich bis drei Uhr gelesen, weil das Buch so interessant war. Aber heute habe ich Kopfschmerzen wegen des Schlafmangels. Julia: Du Armer! Das war eben zu viel. Du weißt doch: Allzu viel ist ungesund.（ニルス「本がとても面白くてね、夜中の3時まで読んでいたよ。でも今日は寝不足で頭が痛くて」ユーリア「お気の毒に。でも、さすがにちょっと度を過ごしたわね。知っているでしょ。何でもほどほどにって」）

— 47 —

〔43〕 Rache ist süß.

復讐は甘い味

【意味】仕返してやろう。今度はこっちの勝ちだ。

【用法】Rache ist Blutwurst（復習は血のソーセージ）も同じように用いる。やられた相手に、やり返す際、冗談めかして口にする。

【ポイント】自分が優位に立ち、相手がやられるのを喜ぶ気持ちが背後にあるといってよい。Schadenfreude ist die reinste Freude（他人の不幸を喜ぶのは最高の喜び）も想起させる。

【参考】海外の映画のドイツ語訳タイトル、テレビ番組のタイトルとしても、1930 年代から、このことわざが繰り返し使われてきた。

【用例 1】Karoline: Draußen wartet Nils auf dich. Wieso gehst du nicht zu ihm? Julia: Er hat mich gestern auch 20 Minuten warten lassen. Er soll mal sehen, wie man sich dabei fühlt. Rache ist süß. Das koste ich noch ein paar Minuten aus und dann erlöse ich ihn.（カロリーネ「ニルスが外で待っているよ。何で行かないの？」ユーリア「昨日、20 分待たされたからね。待つ思いを知ってもらうの。復讐は甘い味。 あと数分楽しんで、解放してあげよう」）

【用例 2】Julia: Wie, Willi hat dich verlassen für eine Jüngere? Maja: Ja. Als ich es herausfand, bin ich „zufällig" mit einer Vase gestolpert, so dass sein Computer ganz nass wurde. Rache ist süß, nicht wahr?（ユーリア「えっ、ヴィリーがあなたのもとを去って、若い子のところへ？」マーヤ「うん。それを聞いたとき、"たまたま" 花瓶を持っていて、つまずいたものだから、彼のパソコンがびしょぬれよ。復讐は甘いものよね」）

第3章　酸っぱいのは楽しい

〔44〕 Wie du mir, so ich dir.

君がしたように私も君に

【意味】相手の振るまいに対して、同じように応じること。

【用法】不親切な行為やひどい仕打ちをうけたとき、そっちがそうしたから、こっちもこうするんだと根拠づけに用いる。

【ポイント】一言でいえば、仕返しの言葉である。

【参考】同じ意味で Gleiches mit Gleichem vergelten（同じことをして仕返しする）が慣用句として使われる。聖書、さらに古代のハムラビ法典に出てくる表現、Auge um Auge, Zahn um Zahn（目には目を、歯には歯を）は、かつて同害刑法の原則であったが、後に復讐のスローガンとして使われるようになった。

【用例1】Lisa: Ich hatte heute keine Zeit für die Hausaufgaben. Kann ich sie bei dir abschreiben? Max: Nein, wieso? Neulich hast du mir auch nicht geholfen! Wie du mir, so ich dir.（リーザ「宿題の時間が今日なかったの。写させてくれる？」マックス「いやだよ。どうして？この間、助けてくれなかったじゃないか。君がしたように僕もするよ」）

【用例2】Nachbarin: Könnten Sie bitte die Musik etwas leiser machen? Wir können bei dem Lärm nicht schlafen. Julia: Bei Ihrem Geburtstag war es auch sehr laut. Jetzt wollen wir mal feiern. Wie du mir, so ich dir.（隣人「音楽のボリュームを少し下げていただけますか？　この騒音では眠れませんよ」ユーリア「あなたの誕生日のときだって、うるさかったですよね。私たちも、今、お祝いしたいんです。そちらと同じように私もね」）

－49－

〔45〕 Eigener Herd ist Goldes wert.

自分のかまどは金の価値あり

【意味】我が家にまさるものはない。

【用法】他人に依存することなく、独立して自分の住まいを持てる
ことが幸せだと説く。

【ポイント】今日では、Herd はレンジを指すが、本来は「かまど」で、
家の中心にあった。そこから家庭、だんらんのシンボルにもなっ
た。ことわざの第一義は住居だが、家庭まで含めていうこともある。

【参考】あちこち旅行しても、結局、最後に行き着くのは自分の家。
Osten oder Westen, daheim am besten（東や西に行っても我が家が
最高）は語調もよく、旅行好きなドイツ人の間で親しまれてきた。
英語にも同じ表現があり、East, west, home's best という。

【用例1】Nils: Wie hoch ist die Miete in der Wohnung? Hat es dir
gefallen? Eric: Na ja, es geht so. Aber gemeinsame Küchen- und
Badbenutzung finde ich problematisch. Ich werde mich doch nach
einer eigenen Wohnung umsehen. Eigener Herd ist Goldes wert.（ニ
ルス「家賃はいくら？ アパートは気に入っている？」エリック「まあね。
でも台所と洗面所を共同で使うのが悩みの種なんだ。やっぱり自分だ
けの住まいを探すことにするよ。自分のかまどは金の価値あり」）

【用例2】Meine Frau ist schwanger mit dem zweiten Kind. Wir
möchten gern, dass die Kinder Platz haben und im Grünen
aufwachsen. Deshalb haben wir einen Kredit aufgenommen und
ein Haus gebaut. Eigener Herd ist Goldes wert.（妻が二人目を身ご
もっている。子供たちは、広々とした空間で、自然とともに育ってほ
しい。そのためにクレジットを組んで、家を建てた。我が家にまさる
ものはない。）

第3章　酸っぱいのは楽しい

〔46〕 Klein, aber mein.

小さくても私のもの

【意味】どんなに小さくても、これは自分の持ち物である。

【用法】立派でなくても、自分で責任を持ち、自由にできるモノに
　　対して、誇りをもって宣言する。

【ポイント】わずか3語の構成で、klein と mein が韻を踏む。典型的
　　には、我が家やマイカーを指していう。

【参考】次の二つの類似表現も日常的に使う。Klein, aber fein（小さ
　　くても見事）。Klein, aber oho（小さくてもスゴイ）。fein は質がよ
　　いことを示す。oho は驚きの間投詞で、「おお、大したもんだなあ」
　　と目を見張るような感じである。

【用例1】Sakura: Guten Abend. Vielen Dank für deine Einladung!
　　Karoline：Herzlich Willkommen! Hier ist meine Wohnung. Klein,
　　aber mein! Bitte komm herein.（さくら「こんばんは。お招きありが
　　とう！」カロリーネ「ようこそ！ ここが私の家。小さくても私のもの。
　　どうぞ入って」）

【用例2】Der Kleingarten in Deutschland hat eine 200-jährige
　　Geschichte. Die Anlagen werden von Vereinen verwaltet und an
　　Mitglieder verpachtet. Jedes Mitglied kann nach Belieben auf
　　kleinstem Raum eigene Blumen oder Gemüse anbauen nach dem
　　Motto: Klein, aber mein.（ドイツのクラインガルテンは200年の歴史
　　がある。庭や建物は協会が管理し、会員に貸し出される。会員は誰でも、
　　「小さいけれど私のもの」というモットーのもと、小さな区画に花や野
　　菜を好きなように植えてよい。）

— 51 —

〔47〕 Selbst ist der Mann.

自分でするのが男

【意味】何ごとも他人の手を借りないで、自分でやるのがよい。

【用法】主として、家の外装や内装を自らの手で整えること、すでに手がけたことを誇らしく発する。また自分でやるようにと相手に勧めるのにも使える。女性版の Selbst ist die Frau（自分でするのが女）も今日おなじみの表現になってきた。

【ポイント】節約と自立の精神につながることわざである。Do it yourself と英語に訳されることが多いが、ドイツ語では、実践の行為に加えて、自分ですることの喜びをこめるイメージが強い。

【参考】道具があって上手に使えれば、素人でも家の修理はかなりできる。Die Axt im Haus erspart den Zimmermann（家に斧があれば大工いらず）は、シラーの『ヴィルヘルム・テル』に由来する。修理どころか、家を土台から作るドイツ人も稀ではない。

【用例1】Julia: Was machst du an diesem Wochenende? Maja: Ich möchte die Küche mit grüner Farbe streichen. Ganz ohne Maler! Selbst ist der Mann – bzw. die Frau!（ユーリア「今週末は何をするの？」マーヤ「キッチンを緑色に塗りたい。ペンキ屋なしでね。自分でするのが男、っていうか女よ！」）

【用例2】Mein Freund in Bayern hat ganz allein ein altes Bauernhaus renoviert. Es ist sehr schön geworden. Selbst ist der Mann.（バイエルンの友達は古い農家を一人で修復した。すばらしいものになった。自分でするのが男だね。）

第3章　酸っぱいのは楽しい

〔48〕Wie man sich bettet, so liegt man.

寝心地は寝方しだい

【意味】人生どうなるかは、自分で決めたこと、選んだこと、行なったことによるものだ。

【用法】liegen（横になる）のほか、schlafen（眠る）も使われる。Wie man sich bettet, so schläft man. あまりよくない状況、結末を招いたのは本人の責任だと、相手あるいは第三者を批判する。日本語の「自業自得」「因果応報」と重なる。

【ポイント】直訳すれば、「寝床を整えたとおりに横になる」。とくに人間関係を中心として、人生や仕事のパートナーにあてはめる。

【参考】ブレヒトがヴァイルと組んだ音楽劇『マハゴニー市の興亡』（初演 1930 年）で有名なソングのタイトルにも使われている。

【用例1】Herr Müller: Wie geht es ihrer Tochter? Ist sie schon verheiratet? Frau Schmidt: Leider noch nicht. Sie hat sich in einen armen Künstler verliebt, da ist das Geld oft knapp. Tja, wie man sich bettet, so liegt man. （ミュラー氏「お嬢さんはお元気ですか？もう結婚されましたか？」シュミット夫人「まだ残念ながら。貧しい芸術家に恋して、お金もあまりないし。自業自得ってことかしらね」）

【用例2】Meine Freundin promoviert bei einem berühmten Professor, der viel im Ausland ist und sich nicht um seine Doktoranden kümmert. Sie wartet schon ewig auf sein Gutachten. Tja, wie man sich bettet, so liegt man. （友人は有名な教授のもとで博士論文を書いている。教授は海外によく出かけて、論文を書く学生の面倒はみない。友人は教授の評価をもらうためにひたすら待っているところだ。まあ、寝心地は寝方しだいってことだな。）

— 53 —

コラム ──ことわざ、見つけた！

　ことわざは本や会話のなかで見聞きするだけとは限らない。街の
なかで目に入ってくることもある。ドイツのハルツ地方を旅した
とき、山の麓のヴェルニゲローデ駅で、オオヤマネコ（ドイツ語で
Luchs）のポスターが貼られていた。いったん絶滅したオオヤマネコ
がハルツ山で再び生息しているという。ポスターには Der Wald hat
Ohren（森に耳あり）と記されていて、この耳の鋭い動物の展示会の
タイトルであった。Die Wände haben Ohren（壁に耳あり）は今日で
もよく使われることわざである。

　また、カップ、コースター、キーホルダー、マッチ箱など商品に
ことわざが顔を出すことがある。早起き鳥の有名なことわざ、Der
frühe Vogel fängt den Wurm（早起き鳥は虫を捕まえる）に対して、
Der frühe Vogel kann mich mal（早起き鳥はどうでもいい）と答える
言い回しも知られているが、そのかわいらしい絵のコースターが食
器売り場に並んでいた。

　さらに、グリーティングカード、絵はがきにも、ことわざや名言
が出てくるのも見逃せない。手元の絵はがきを見ると、Ente Gut,
Alles Gut!（カモがよければすべてよし）とあって、おどけたカモが描
かれている。元になったのは、Ende gut, alles gut（終わりよければ
すべてよし）という古いことわざだ。シェイクスピアの喜劇、All's
well that ends well（1602）のドイツ語訳のタイトルにもなった。

　別のカードでは、Liebe macht blind! Aber wer verheiratet ist,
kann plötzlilch wieder sehen（恋は盲目。でも、結婚した者は突然また
見えるようになる）と、ことわざに一言添えられている。創作自由、
変貌自由で、思わず笑ってしまうものも少なくない。

── 54 ──

第4章

父親になるのは簡単だが、父親たることは大変

〔49〕 Vater werden ist nicht schwer, Vater sein dagegen sehr.

父親になるのは簡単だが、父親たることは大変

【意味】子供ができれば父親になるが、その後、父親としての任務を果たしていくことは決して生やさしいことではない。

【用法】父親の責任や子供との接し方について、ユーモラスに口にする。まもなく子供が生まれる男性に対しては自覚を促す。

【ポイント】対句の冒頭 Vater、末尾の schwer と sehr が韻を踏み、記憶に残りやすい。また Vater に二つの動詞が結びつき、後半では、sein 動詞の原形で存在意義を問うところに面白みがある。

【参考】詩人で風刺画家のヴィルヘルム・ブッシュ（1832 ～ 1908）の詩、「ユールヒェン」の冒頭の言葉がひろまったとされる。

【用例1】Gerade weil sich heutzutage Väter mehr an der Erziehung und Betreuung der Kinder beteiligen und ihre Rolle in der Familie sich verändert, ist das Sprichwort „Vater werden ist nicht schwer, Vater sein dagegen sehr", umso aktueller. （今日の父親は育児に参加し、家族のなかでの役割が変わってきたからこそ、「父親になることは簡単だが、父親たることは大変」ということわざが、いっそう現実的になっている。）

【用例2】Herr Müller: Meine Frau ist seit 2 Monaten schwanger. Herr Schmidt: Herzlichen Glückwunsch! Das ist schön. Aber Sie werden bald selbst merken; Vater werden ist nicht schwer, Vater sein dagegen sehr. （ミュラー氏「妻が妊娠2カ月なんです」シュミット氏「それはおめでとう。よかったですね。でも、間もなく気がつきますよ。父親になるのはやさしいけど、父親であることはむずかしいとね」）

第4章　父親になるのは簡単だが、父親たることは大変

〔50〕 Der Apfel fällt nicht weit vom Stamm.

りんごは幹から遠くに落ちない

【意味】子どもは、結局、親とさほど違わない。

【用法】容姿、性格、能力、行動などについて、親子でよくも悪くも
そっくりなことを指摘する。また、似ていない場合、その内容を
覆す文脈で引き合いに出すこともある。

【ポイント】Apfel はドイツの代表的な果樹で、庭に植えている人も
多い。身近なことわざとして親しまれてきた。

【参考】同じように親子関係については、Wie der Vater, so der Sohn
（父のように息子あり）ともいう。「蛙の子は蛙」「瓜の蔓に茄子は
ならぬ」と近い。

【用例1】Mein Mann kratzt sich immer am Kopf, wenn er verlegen
ist – bei meinem Sohn beobachte ich die gleiche Geste. Der Apfel
fällt eben nicht weit vom Stamm.（夫は困ったことがあると、頭を掻
きむしるが、息子も同じ身振りをする。蛙の子は蛙ってことね。）

【用例2】Julia: Dein Vater ist Geiger und deine Mutter Pianistin.
Ich würde mich nicht wundern, wenn du auch Musiker wirst. Der
Apfel fällt schließlich nicht weit vom Stamm. Oder? Maja: Nein, in
meinem Fall trifft das Sprichwort nicht zu, denn ich will Medizin
studieren.（ユーリア「お父さんはヴァイオリニスト、お母さんはピ
アニストよね。あなたが音楽家になっても驚かないわ。結局、りんご
は幹から遠くに落ちない。そうでしょ？」マーヤ「う〜ん、私の場合、
このことわざはあてはまらないね。医学を勉強するつもりだから」）

— 57 —

〔51〕 Was sich liebt, das neckt sich.

好きな者同士はからかい合う

【意味】お互いに困らせたり、いじめたり、怒らせるのは、仲のよい証拠である。

【用法】友人、恋人、きょうだい、夫婦などの間で、言い争いが起こってもまじめに受け取らなくてよい。すぐに仲直りするのだから介入するなという文脈で使われることが多い。

【ポイント】幼い子供が好きな友達の注意をひくために、ふざけて怒らせてしまうと、大人から言われるのがこのことわざである。

【参考】「夫婦げんかは犬も食わぬ」という日本語のことわざは、何でも食べる犬でさえ、二人を放っておくという比喩である。じきに仲直りするから仲裁に入る必要はなし。その見方は同じである。

【用例1】Ist das laut! Was ist denn heute wieder mit unseren Nachbarn los? Sie streiten sich ständig, aber wenig später lachen sie wieder miteinander. Na, ja … Was sich liebt, das neckt sich. (うるさい！ 今日もまた隣りはどうしたんだ？ けんかばかりして、すぐまた二人で笑って。まあ、夫婦げんかは犬も食わぬか。)

【用例2】Mutter: Warum streiten sich unsere Kinder nur ständig, was sie als nächstes spielen? Vater: Sie lieben es zu diskutieren. Es ist kein wirklicher Streit, bei Geschwistern geht es nach dem Motto, was sich liebt, das neckt sich. (母親「うちの子たち、次は何して遊ぼうかって、どうしてけんかばかりするのかしらね？」父親「議論するのが好きなんだよ。本当のけんかではなくて、兄弟の間では、好きな者同士はからかい合うって、ことわざ通りなのさ」)

第4章　父親になるのは簡単だが、父親たることは大変

〔52〕Alte Liebe rostet nicht.

古い愛は錆びない

【意味】長く続いた愛情や昔の愛着は簡単に失せるものではない。

【用法】男女の仲について、また友情や趣味（とくに音楽、スポーツ）など幅広い範囲で、その長さや古さの持つ意味を強調する。

【ポイント】錆びる（rosten）といえば、まず金属なのだが、ことわざでは比喩的に人に使い、例えば能力についてすでに出てきた（〔14〕参照）。ここでは好きな気持ちに着目している。

【参考】ライプツィヒのオペラハウスで、観客が少なくなったことがあった。そのとき、このことわざを大きく記したポスターが建物の近くに貼られて、かつてのファンを再び呼び寄せようとした。オペラ通いが、人生のある時期、たとえ途切れたとしても、また戻ってくるという期待がこめられたのだろう。

【用例1】Das Ehepaar Meier ist schon seit 60 Jahren glücklich verheiratet, sie machen alles gemeinsam. Alte Liebe rostet nicht.（マイヤー夫妻は幸せな結婚をして60年を過ぎたが、何をするのも一緒である。古い愛は錆びない。）

【用例2】Peter: Gehst du immer noch in die Konzerte von deinem Lieblingssänger? Ulla: Ja, immer noch! Ich liebe seine Musik seit meiner Studentenzeit und verpasse kein Konzert. Alte Liebe rostet eben nicht!（ペーター「お気に入りの歌手のコンサートにまだ行っているの？」ウラ「ええ、ずっと！　学生時代から彼の音楽が大好きで、コンサートを一つも逃していないのよ。古くからの愛は錆びないってこと！」）

— 59 —

〔53〕 Gleich und Gleich gesellt sich gern.

似た者同士が集う

【意味】同じような性格、考え方や志向をもつ者は、自然に一緒になり、行動を共にする。

【用法】パートナー、友人、仲間に似通った点をみつけて、その結びつきを強調する。

【ポイント】Gで始まる語が４つ並び、頭韻の効いた巧みな構成である。おおむねよい意味で使われるが、悪党がつるむときにもいう。

【参考】この内容は古今東西を問わない。日本語でも、「類は友を呼ぶ」、「似たもの夫婦」という。ところが、全く違うタイプの人に引かれることもあるので（次のページ参照）、一筋縄ではいかない。

【用例1】Was ist wichtig bei der Partnerschaft? Wenn sie andauern soll, dann wäre eine gemeinsame Gesinnung schon von Vorteil. Nach dem Motto: Gleich und Gleich gesellt sich gern.（パートナー関係で何が大切か？ 長く続くとしたら、類は友を呼ぶをモットーにして、考え方が同じことが好ましいといえるだろう。）

【用例2】Mutter: Unser Max hat sich ja schnell mit dem Sohn der neuen Nachbarn angefreundet, beide sind ganz verrückt nach Fußball. Vater: Die Nachbarn sind doch erst vor kurzem eingezogen und sie sind schon Freunde? Gleich und Gleich gesellt sich wohl gern.（母親「マックスは新しい隣りの子とすぐに友達になって、二人ともサッカーに夢中よ」父親「隣りは最近引っ越してきたばかりなのに、もう友達か？ 似た者同士で仲間になるんだな」）

第4章　父親になるのは簡単だが、父親たることは大変

〔54〕 Gegensätze ziehen sich an.

両極は引き合う

【意味】性格が反対の者は互いに好意を持つ。

【用法】人は自分にないものを相手に求めるもので、夫婦、仕事のパートナー、上司との組み合わせの意外性について言う。

【ポイント】Gegensätze（単数は Gegensatz）は「反対、逆、対立」を意味する。日本語の「水と油」は、Ein Gegensatz wie Feuer und Wasser（火と水のような対立）と表される。

【参考】ヨーロッパ共通のことわざの一つで、ギリシャの哲学者、ヘラクレイトス（前540頃〜前480頃）の言葉にまでさかのぼることができる。英語では、Extremes meet（両極端は一致する）という。

【用例1】Maja: Ich habe jetzt einen neuen Freund, Eric. Er ist genau mein Typ. Julia: Das ist wirklich erstaunlich. Ihr beide seid ganz verschieden. Gegensätze ziehen sich wohl an?! （マーヤ「新しいボーイフレンドができたの、エリックよ。私のタイプね」ユーリア「それは驚き。二人とも全く違うもの。両極は引き合うってこと?!」）

【用例2】Der Direktor unserer Schule hat eine neue Sekretärin. Sie ist charakterlich das genaue Gegenteil von ihm. Gegensätze ziehen sich scheinbar an. Jedenfalls sind sie gemeinsam ein unschlagbares Team. （我が校の校長に新しい秘書がついた。彼女は、校長とは性格的に正反対だ。両極端は互いに引きつけるらしい。とにかく無敵の二人組である。）

— 61 —

〔55〕Geteilte Freude ist doppelte Freude.

分かち合った喜びは倍の喜び

【意味】楽しい経験を誰かと共にすれば、その喜びは倍増する。

【用法】パートナー、家族、友人、チームで共有する体験について、確認し、賞賛するときに取り上げる。

【ポイント】Geteilter Schmerz ist halber Schmerz（分かち合った痛みは半分の痛み）、あるいは Geteiltes Leid ist halbes Leid（分かち合った苦しみは半分の苦しみ）と続けて、対句にしてもよく使う。

【用例1】Herzlichen Glückwunsch zur Heirat! Man sagt in Deutschland: Geteilte Freude ist doppelte Freude, geteilter Schmerz ist halber Schmerz. Nun werdet ihr es selbst erfahren. Ich wünsche euch auf ewig alles Gute!（結婚おめでとう！ドイツでは、分かち合った喜びは倍の喜び、分かち合った苦しみは半分の苦しみといいます。これから二人で実感されていくことでしょう。末永くお幸せをお祈りします。）

【用例2】Julia: Heute habe ich keine Zeit, ich sitze noch an den Korrekturen meiner Dissertation. Aber ich freue mich schon auf unseren Konzertbesuch am Donnerstag. Maja: Geteilte Freude ist doppelte Freude, geteiltes Leid ist halbes Leid. Mir geht es genauso, ich sitze auch am Schreibtisch, obwohl es Wochenende ist, und tröste mich mit dem Ausblick auf das Konzert.（ユーリア「今日は時間がなくて、まだ論文の修正をしているの。でも木曜日に一緒に音楽会に行くのが、楽しみよ」マーヤ「分かち合えば喜びは倍に、苦しみは半分になるのね。私も同じで、週末なのに机に向かっているのよ。音楽会の予定を励みにするわ」）

第4章　父親になるのは簡単だが、父親たることは大変

〔56〕Scherben bringen Glück.

かけらが幸運を招く

【意味】陶磁器が割れるのは幸先がよい。

【用法】食器や花瓶が壊れることは、日常茶飯事とまでいわないまで
も避けられない。だいたい突然起きる。高価なモノや思い出の品
であれば、ショックも激しい。そんなときに慰めの言葉として声
をかける。また、自らに言い聞かせることもある。

【ポイント】Scherben は die Scherbe（破片）の複数。In Scherben
gehen といえば、粉々に砕けることを意味する。このことわざは、
とくに磁器にあてはまり、ガラスと鏡には用いられない。

【参考】ドイツでは、結婚式の前夜、ポルターアーベントといって、
親しい人や隣人が新婚の二人をにぎやかに祝う風習がある。招待
状なしに誰でも参加できる。皆、こわれた花瓶や食器類を持って
いき、家に入るとき、たたきつける。その大きな音が悪しきもの
を追い払い、幸せを招くという。そして破片は新郎新婦が一緒に
片付けなければならない。この風習がことわざの背後にあり、両
者は密接に結びついている。

【用例】Ulla: Es tut mir leid, dass ich den teuren Teller zerbrochen
habe, den du mir geschenkt hast. Lutz: Da kann man nichts
machen. Außerdem: Scherben bringen Glück!（ウラ「悪いけれど、
あなたからもらった高いお皿、壊してしまったの」ルッツ「仕方がな
いよ。それに、かけらは幸せを招くって！」）

— 63 —

〔57〕 Jeder ist seines Glückes Schmied.

誰もが幸運の鍛冶屋である

【意味】自分の運命は自らの手で切り拓くものだ。

【用法】人生うまくいくかどうかは、自分の努力や行ないにかかっている。現実的な教訓として使う。

【ポイント】Schmied（鍛冶屋）は、鉄などの金属を熱して鍛え、モノを作る職人。刀、蹄鉄から金細工まで、細かく職種が分かれる。鍛冶屋一般の仕事がこのことわざのイメージを形作る。

【参考】紀元前3世紀、ローマ帝国で水道や街道を整えた監察官、執政官のアピウス・クラウディウスの言葉が起源とされる。

【用例1】Peter: Unser Sohn hat wenig Lust zum Lernen und denkt nicht an später. Ich mache mir wirklich Sorgen, was aus ihm mal werden soll. Ulla: Ach, er ist doch erst 8 Jahre alt, nicht wahr? Er wird sich noch ändern und begreifen: Jeder ist seines Glückes Schmied.（ペーター「うちの息子は勉強する気があまりなくて、将来のことを考えていないよ。どうなるのか、本当に心配だ」ウラ「あら、8歳になったばかりでしょ？　まだ変わるし、幸運は自分の手で作るってことが、いずれわかるものよ」）

【用例2】Jeder ist seines Glückes Schmied, heißt es. Dass man für sein Schicksal selbst verantwortlich ist, es bewusst gestalten soll, ist eine Seite der Wahrheit. Manchmal passieren Glück oder Unglück jedoch einfach, dann muss man es annehmen und das Beste daraus machen.（誰もが幸運の鍛冶屋であるという。自分の運命に責任を持ち、意識的に考えようとするのは真実の一面だ。幸運や不運が舞いこんだら、それを受けて最善を尽くすしかないときもある。）

第4章　父親になるのは簡単だが、父親たることは大変

〔58〕Ein Unglück kommt selten allein.

災難は一つでやってこない

【意味】不運は次々と重なることが多い。

【用法】わざわいが重なり、しょげている相手を慰めたり、人生こんなものだと自分に言い聞かせたりする。

【ポイント】Unglück は不運、災難を表わす語で、ちょっとツキがないことから、大きな事故まで含む。悪いことが繰り返し起こり、さらにひどくなることもある。それを慣用句では、Vom Regen in die Traufe kommen（雨を逃れて軒下で雨樋の水をあびる）という。

【参考】英語では、Misfortunes never come singly（災難は一つでやってこない）と同じ表現のほか、It never rains but it pour（降れば土砂降り）が雨絡みである。日本語でも、「泣きっ面に蜂」「弱り目にたたり目」「踏んだり蹴ったり」「一難去ってまた一難」と重なる不運を示す表現が少なくない。

【用例】Im Café am Bahnhof hatte ich meinen Hut vergessen. In größter Eile erreichte ich den Zug. Am Sitzplatz stellte ich fest, ich war im falschen Wagen. Also schleppte ich das schwere Gepäck durch den Zug. Endlich an meinem richtigen Platz angekommen, entdeckte ich, dass meine Handtasche offen und das Portemonnaie weg war. Ein Unglück kommt selten allein.（駅のカフェで帽子を忘れてしまった。大急ぎで汽車には間に合った。席に着くと車両が違っていた。重い荷物を引きずって車内を移動する。やっとのことで正しい席に到着したら、バッグが開いていて、財布が消えていることに気づいた。不運は重なるものだ。）

— 65 —

〔59〕 Die dümmsten Bauern haben die größten Kartoffeln.

いちばん愚かな農夫がいちばん大きなジャガイモを得る

【意味】 どう考えても、信じがたい幸運に恵まれることがある。

【用法】 能力や努力に関係なく、何かを得たり、成功した人に対して、冷笑的なコメントとして使うことが多い。「いちばん大きなジャガイモ」は die dicksten Kartoffeln ともいう。

【ポイント】 最上級を二度使い、n の音が五度も繰り返されることによって、印象的な表現になっている。

【用例1】 Nils: Hast du gehört, Paul hat beim Bingo ein Auto gewonnen! Eric: Unglaublich, ausgerechnet er hat solches Glück, wo er doch Spiele eigentlich nicht mag und zum ersten Mal dabei war! Die dümmsten Bauern haben echt die größten Kartoffeln!（ニルス「パウルが、ビンゴで車をもらった話、聞いた？」エリック「信じられない、よくもまあ彼がこんなにラッキーとは。ゲームが嫌いで、初めて参加したんでしょ。いちばん愚かな農夫がいちばん大きなジャガイモを得るんだね」）

【用例2】 Mein jüngster Bruder ist jetzt der reichste in unserer Familie. In der Schule war er nicht gut, aber dann lernte er eine Freundin kennen, deren Vater Chef einer großen Firma ist. Er ist mit ihr verheiratet und inzwischen die Nr.2 in der Firma geworden. Die dümmsten Bauern haben die größten Kartoffeln.（末の弟が家族でいちばん金持ちである。学校ではできなかったけれど、よいガールフレンドと出会った。その父親は大会社の社長。彼女と結婚して、今や会社でナンバー2だ。いちばん愚か者がいちばん果報者。）

— 66 —

第4章　父親になるのは簡単だが、父親たることは大変

〔60〕 Ein blindes Huhn findet auch einmal ein Korn.

見えない鶏も穀粒をみつける

【意味】何かやっているうちに、たまたま幸運に恵まれることもある。

【用法】うまくいっても、まぐれにすぎないと皮肉をこめて言うことが多い。自分に対しても使う。Auch が文頭に来る次の形もある。Auch ein blindes Huhn findet einmal ein Korn.

【ポイント】面と向かって口にすれば、相手の気分を損ねかねない表現で、嘲笑的なニュアンスがあるので、注意したい。

【参考】「下手な鉄砲も数打てば当たる」「犬も歩けば棒に当たる」と通じるところがある。

【用例1】Herr Schmidt hat viele Geschäfte betrieben. Endlich hat eines davon große Gewinne erzielt. Es heißt ja: Ein blindes Huhn findet auch einmal ein Korn. (シュミット氏は多くの商売をしている。ついにその一つで大きな利益を得た。つまり、下手な鉄砲も数打ちゃ当たるってことだ。)

【用例2】Nils: Wollen wir eine Tombola versuchen? Wenn es klappt, können wir eine Flugkarte gewinnen! Eric: Bisher habe ich noch nie etwas gewonnen. Aber vielleicht habe ich heute Glück. Ein blindes Huhn findet auch einmal ein Korn! (ニルス「福引、やってみようか？ うまくいけば、航空券をもらえるよ」エリック「これまで何も当たったことないなあ。でも今日はついているかも。見えない鶏も穀粒をみつけるか！」)

〔61〕Auf Regen folgt Sonne.

雨の後は晴れる

【意味】悪いことの後にはよいことがあるものだ。

【用法】Sonne（太陽）は Sonnenschein（太陽の光）でもよい。つらい状況は好転するのだと、前向きに思いを述べることが多い。

【ポイント】やまない雨はなく、日照りがずっと続くこともない。天候は、雨が降ったり、曇ったり、晴れたりと繰り返す。そのように私たち人間の生活も絶えず変化することを指す。

【参考】微妙な表現の違いは別として、ヨーロッパ各地に同じようなことわざがある。日本語では雨との関連で、「雨降って地固まる」が連想されるが、上のドイツ語のことわざの意味に近いのはむしろ「苦あれば楽あり」のほうである。

【用例1】Julia: Es tut mir leid, dass du einige Tage wegen der Infektion im Bett liegen musstest. Nils: Tja, ist nicht zu ändern. Auf Regen folgt Sonne.（ユーリア「感染症で何日も寝ていたなんて、お気の毒に」ニルス「まあ、仕方ない。雨の後には晴れるよ」）

【用例2】Es war sehr schade, dass die Volleyball-Mannschaft unserer Schule schon bei der Vorauswahl verloren hat. Aber bestimmt wird sie nach dem Misserfolg jetzt fleißig trainieren. Auf Regen folgt Sonnenschein.（うちの学校のバレーボール・チームが、予選で負けて残念だった。でも失敗のあとは、熱心に練習するにちがいない。雨の後は晴れだからね。）

— 68 —

第4章　父親になるのは簡単だが、父親たることは大変

〔62〕 Ausnahmen bestätigen die Regel.

例外は規則がある証

【意味】どんな規則にも例外はある。

【用法】例外的なことが生じたときに、説明として使う。また規則や通常の習慣に反することを特別に認める場合に添える。Keine Regel ohne Ausnahme（例外のない規則はない）ともいう。

【ポイント】本来、規則は守らなければならない。その意味で、このことわざに異議を唱える人もいるだろう。でも今日、深刻な場面で使われることはなく、誇張して軽く口に出すにすぎない。

【参考】ラテン語の法諺がヨーロッパ諸語にひろまった。

【用例1】An meinem Geburtstag am 7. Juli regnet es fast immer in Japan. Aber in diesem Jahr war es schönes Wetter. Das passiert nur sehr selten. Auch hier kann man sagen: Ausnahmen bestätigen die Regel.（七夕の誕生日、日本では雨降りばかりだ。でも今年はよい天気だった。それはとてもめずらしい。例外があるから規則だって、ここでも言えるかもね。）

【用例2】Julia: Greif zu, es ist genug zu Essen da. Ich habe auch noch mehr Bouletten. Allerdings dachte ich immer, du bist Vegetarier. Maja: Kein Hardcore-Vegetarier. Meist verzichte ich aus ökologischen Gründen auf Fleisch. Aber heute habe ich Heißhunger darauf. Ausnahmen bestätigen die Regel.（ユーリア「自由にとってね。　食べ物はたっぷりあって、ミートボールもまだあるから。でも、あなたはベジタリアンだと思っていたわ」マーヤ「完全なベジタリアンじゃないの。環境保護のため肉をふだん食べないようにしているけれど、今日は食べたいわね。例外は規則がある証なのよ」）

〔63〕Andere Länder, andere Sitten.

国が違えば習慣も違う

【意味】それぞれの国や土地で、風俗や習慣はさまざまである。

【用法】知らない土地で、なじみのない所作や、自分の常識から離れたふるまいがあっても、当然のことだと指摘する。

【ポイント】直訳すれば、「異なる国に異なる習慣」。日本語でも「ところ変われば品変わる」というように、地域や国が変われば、自然の条件も違って、気質や習慣も変わる。

【参考】大晦日といえば、日本では除夜の鐘だが、ドイツでは日付が変わると同時に花火を打ち鳴らし、賑やかにシャンペンで乾杯する。

【用例1】Sakura: Im Restaurant oder Taxi Trinkgeld zu geben, ist mir immer noch fremd und fällt mir schwer. Wieso muss man zusätzlich bezahlen? Karoline: Es ist keine Pflicht. Mit der Zeit gewöhnst du dich daran. Umgekehrt ist es für mich eher ungewohnt, dass es in Japan kein Trinkgeld gibt. Andere Länder, andere Sitten!（さくら「レストランやタクシーでチップを渡すのに、なかなか慣れなくて。何で追加して払わなくちゃいけないの？」カロリーネ「義務ではないの。慣れていくわよ。逆に、私は日本でチップがないことになじめないな。国が違えば習慣も違うのね！」）

【用例2】In Deutschland ist es üblich, ein Geschenk gleich aufzumachen. Es ist sehr schön, weil man gleich weiß, ob es dem anderen gefallen hat. Andere Länder, andere Sitten.（ドイツではプレゼントをもらうと、その場で開けるのが普通である。気に入ってもらえたか、すぐにわかってとてもよい。国が変われば習慣も変わる。）

第4章　父親になるのは簡単だが、父親たることは大変

〔64〕 Kleine Geschenke erhalten die Freundschaft.

小さな贈り物が友情を保つ

【意味】相手のことを考えた贈り物は、小さくても喜ばれて、好意を得るものだ。

【用法】プレゼントで、相手との絆を深めることを強調して言う。純粋な友情のほか、賄賂を渡すことにも使われる。その際、Große Geschenke（大きな贈り物）と言い換える形もある。

【ポイント】プライベートでも、ビジネスでもよい。メッセ（見本市）の各ブースで、アメや社名入りペンの配布にもあてはまりそうだ。

【参考】ドイツで家庭に招かれたときは、チョコレートやお花を持って行くのが一般的である。おみやげも、習慣や文化の一部である。

【用例1】Julia: Was hast du denn da für einen schönen Buchumschlag? Nils: Den will ich dem Bibliothekar schenken, der mir immer geholfen hat. Kleine Geschenke erhalten die Freundschaft!（ユーリア「そのきれいな栞、一体どうするの？」ニルス「図書館員にプレゼントするんだよ。いつも僕を手伝ってくれるからね。小さな贈り物が友情の支え！」）

【用例2】Einige japanische Gäste oder Referenten schenken uns in der Mori-Ogai-Gedenkstätte grünen Tee, mit dem wir dann wieder deutsche Gäste bezaubern. Sie sagen sich, sie können die finanziellen Probleme der Einrichtung nicht lösen, aber kleine Geschenke erhalten die Freundschaft.（日本人客や研究者で、森鴎外記念館に緑茶を贈ってくれる人がいる。そのお茶がドイツ人客をまた楽しませる。日本人客は施設の財政問題を解決できないと思っているが、小さな贈り物で友情を保つ。）

― 71 ―

コラム──伝統的なことわざ集

　ことわざを集めて、記録する作業は古くから行われてきた。歴史をさかのぼって、今日につながる重要なものといえば、まず旧約聖書の『箴言』（ドイツ語で Sprüche）が挙げられる。古代イスラエルのソロモン王を中心に、賢人たちがまとめたという。

　16 世紀になると、ロッテルダムのエラスムスがラテン語のことわざ集を編み、ヨーロッパでベストセラーとなった。これは後世に大きな影響を及ぼした。また、この頃からドイツ語で集められたことわざ集も数多く出版されるようになる。宗教改革の中心人物、マルチン・ルター（1483 ～ 1540）は、聖書のドイツ語訳という大きな仕事を手がけて、ことわざ集もまとめた。

　ジムロックの『ドイツのことわざ（Die deutschen Sprichwörter）』（1846）は 12,396 のことわざをアルファベット順に集めたもので、今日でもレクラム文庫で入手できる。また、ヴァンダーの『ドイツことわざ辞典（Deutsches Sprichwörterlexikon）』（1863 ～ 80）はドイツ語圏最大のことわざ辞典である。全 5 巻で、約 25 万のことわざが収録されている。単語(キーワード)のアルファベット順で、たとえば、猫（Katze）の項目を見れば、940 のことわざと慣用句が、出典、外国語の類例、説明などとともに並ぶ。その後、復刻を重ねて、今では DVD-ROM でも入手可能になった。

　ビューヒマンの『翼のある言葉（Geflügelte Worte）』（1864）は、文学作品や歴史的人物の言葉で、一般に知られるようになった成句を翼のある言葉と定義し、それぞれに出典と説明を加えた辞典である。翼のある言葉が、引用元を考えずに使われるようになれば、ことわざとなる。ビューヒマン亡き後も編集が続けられ、現在でも改訂版や新版が出されている。

第5章

年齢は本人の感じ方しだい

〔65〕 Man ist so alt, wie man sich fühlt.

年齢は本人の感じ方しだい

【意味】 実際の年齢や見かけよりも、大事なのは本人の気持ちや生きる態度である。

【用法】 今日の高齢化社会において、元気なシニアについて、その健康状態や活動へのコメントとして使う場合が多い。また世代を問わず、他人から年齢を聞かれたときに答えにすることもある。

【ポイント】 直訳すると「人は自分で感じている年齢である」で、自らの主体性を重んじる。副詞の immer（常に）を中に入れて、Man ist immer so alt, 〜とすればさらに強調した表現になる。

【参考】 大人になっても誕生日を家族で祝うのは、ドイツでも変わらない。20、30、50、70 など、節目の年を記したカードが売られている。とくに 60 歳になると、家族、親戚、友人を呼んで、盛大にお祝いの会を自ら主催するドイツ人が多い。

【用例 1】 Meine Großmutter ist 90 Jahre alt, doch das merkt man ihr nicht an. Sie spielt heute noch Tennis und fährt auch Ski. Sie sagt immer: Man ist so alt, wie man sich fühlt!（祖母は 90 歳です。でも誰もそう思いません。今でもテニスをするし、スキーにも行きます。祖母はいつも言っています。年齢は本人の感じ方しだいって。）

【用例 2】 Max: Du bist schön. Ich möchte alles über dich wissen. Wie alt bist du eigentlich? Du siehst so toll aus … Sakura: Du bist aber neugierig. Man ist so alt, wie man sich fühlt, nicht wahr?（マックス「きれいだよ。キミの全てが知りたい。年は一体いくつ？ とってもステキだ……」さくら「知りたがり屋ね。年を決めるのは感じ方しだいじゃないかしら」）

— 74 —

第5章　年齢は本人の感じ方しだい

〔66〕Eigenlob stinkt.

自慢は臭う

【意味】自分で自分のことを褒めるのは鼻もちならない。他人にとって聞き苦しく、不快にもなる。

【用法】自画自賛する相手に、少し控えたほうがよいと忠告する。第三者についていう場合は、ねたみをこめて批判することも多い。

【ポイント】社会生活のなかで自己アピールは時に必要であり、成果を強く示せば自慢との境が微妙になる。実際、Eigenlob stinkt nicht（自慢は臭わない）という言い回しもある。

【参考】日本語の「手前味噌」は、自家製の味噌を誇らしく思うことから、自分の行為や作品などを自負するときにいう。しかし他人にとっては臭うこともあり、ドイツ語のことわざと通じる。

【用例1】Lisa: „Spieglein, Spieglein an der Wand, wer ist die Schönste im ganzen Land?" Eindeutig ich, ich sehe umwerfend aus! Mutter: Selbst Schneewittchen hat das nie von sich selbst behauptet. Pass auf: Eigenlob stinkt!（リーザ「鏡よ、壁の鏡よ、国中でいちばん美しいのは誰？　それは私。すごくきれい！」母親「白雪姫だって、自分でそんなこと言わなかったわ。気をつけて。自慢は臭う」）

【用例2】Unfassbar! Wir haben das Projekt als Teamwork gemeinsam durchgezogen, aber in seiner Rede hat er nur von seiner großen innovativen Leistung gesprochen, als wäre es allein sein Verdienst. Sein Eigenlob stinkt echt zum Himmel!（ありえない！　あのプロジェクトはチームワークで成しとげたんだ。なのに彼はスピーチで、まるで自分一人の手柄であるかのように、画期的な成果だと話していたね。彼の自慢は天まで臭い！）

〔67〕Wer nicht hören will, muss fühlen.

聞こうとしない者は感じなければならない

【意味】忠告や規則に素直に従わないと、結局はひどい目にあうことになる。

【用法】「注意を無視すれば、どうなるか知らないぞ」と脅し文句に使う。また無視したことで手痛い目にあったときには戒めとする。

【ポイント】基本単語による、やさしい表現のなかに、「言うことを聞きなさい」という強い命令調がひそんでいる。

【用例1】Max: Es hat unterwegs plötzlich heftig angefangen zu regnen. Ich bin völlig durchnässt! Mutter: Habe ich dich nicht heute früh mehrmals ermahnt, einen Schirm mitzunehmen? Selber schuld. Wer nicht hören will, muss fühlen.（マックス「途中で、雨が突然激しく降ってきて、ずぶぬれになっちゃった！」母親「今朝、傘を持っていくようにと何度も注意したじゃないの。自分のせいね。聞こうとしないから、そんな目にあうのよ」）

【用例2】Früher war die Erziehung der Kinder in Deutschland sehr streng. Auch körperliche Züchtigung war üblich. „Wer nicht hören will, muss fühlen", hieß es. Dieses Sprichwort wurde auch als Androhung von Strafe für Kinder benutzt. Heute ist so eine Strafe in der Schule verboten.（かつて、ドイツで子供の教育はたいへん厳しいものだった。体罰も普通に行われていた。「聞こうとしない者は感じなければならない」といって、このことわざは罰の脅しとしても子供相手に使われた。今日、このような罰は学校で禁止されている。）

第5章　年齢は本人の感じ方しだい

〔68〕 Wer schön sein will, muss leiden.

きれいでいたい者は耐えねばならない

【意味】美しさを保つためには、努力が必要で痛みも伴う。

【用法】見た目をよくしたり、おしゃれをするには、それなりの代償を払うということを、面白おかしく、時に皮肉をこめていう。将来はわからないが、これまで対象はもっぱら女性だった。

【ポイント】Wer ～, muss ～（～する者は～せねばならない）の文型が続けて出てきたが、ことわざの一つの定型表現である。

【参考】たとえば、小さな女の子が三つ編みにしてもらって、ちょっと痛いけれど我慢している様子、おしゃれな女性がハイヒールを履いて、あとで足が痛くなって顔をしかめるイメージと結びつく。

【用例1】Julia: Anna war bei Dr. Schön, Spezialist für ästhetisch-plastische Chirurgie. Jetzt hat sie schönere Augen. Maja: Das ist unglaublich. So etwas ist teuer und manchmal auch gefährlich, abgesehen davon, dass es weh tut. Vielleicht dachte sie: Wer schön sein will, muss leiden. （ユーリア「アンナが、美容整形外科医のシェーン博士のもとに行ったのよ。目をきれいにしたの」マーヤ「信じられない。痛いことは別としても、高くて危険だもの。でもきれいになるには耐えなきゃと思ったのかしらね」）

【用例2】In dieses Fitness Studio kommen immer mehr Leute, um besser auszusehen. Die beliebten Kurse sind nicht unbedingt leicht. Aber viele sagen sich: Wer schön sein will, muss leiden. （見栄えをよくするために、このフィットネス・スタジオに来る人が増えている。人気のコースは楽とは限らない。でも多くの人は自分に言い聞かせる。美しさのために耐えなければならない、と。）

－ 77 －

〔69〕 Vier Augen sehen mehr als zwei.

四つの目は二つの目よりよく見える

【意味】二人で取り組んだほうが、一人より的確な判断ができる。

【用法】点検を一人で行うと、うっかり見落とさないとも限らない。重要なことは複数でチェックするほうがよいと説く。

【ポイント】Vier-Augen-Kontrolle（四つ目のコントロール）、 Vier-Augen-Prinzip（四つ目の原則）という表現もある。Gespräch unter vier Augen といえば、「二人だけの（秘密の）話し合い」の意味。

【参考】「三人寄れば文殊の知恵」という日本語のことわざも、一人より複数の優位性を示すといえるが、二人ではなく、三人に着目している。ドイツ語のことわざとは少し異なる発想である。

【用例1】Julia: Ich habe meine Arbeit endlich fertig geschrieben. Würdest du sie bitte noch einmal druchlesen? Maja: In Ordnung. Schreibfehler kann man allein manchmal nicht finden. Vier Augen sehen mehr als zwei.（ユーリア「論文をやっと書き終えたわ。もう一度、目を通してくれる？」マーヤ「了解。書き間違いは、自分でみつけられないこともあるからね。二人の目は一人よりよく見えるもの」）

【用例2】Vier Augen sehen mehr als zwei. Dieses Sprichwort ist in unserer Firma immer noch wichtig. Die Produkte sollten wenigstens von zwei Personen überprüft werden.（四つの目は二つの目よりよく見える。このことわざは、私たちの会社で今も重視される。商品は少なくとも二人で点検することになっている。）

－78－

第5章　年齢は本人の感じ方しだい

〔70〕Aus den Augen, aus dem Sinn.

目から離れると心から離れる

【意味】誰かと会わなくなると、その人のことは忘れていく。

【用法】疎遠になった人に対して、やや批判的に使うことが多い。もちろん恋愛関係についても対象になる。

【ポイント】「去る者は日々に疎し」と重なる。どんなに親しくても、離れてしまえば絆が薄らいでいく。それはどこでも変わらない。

【参考】古代ローマの詩人、プロペルティウス（紀元前15年～紀元50年頃）の言葉が起源とされて、ヨーロッパ各国に同じようなことわざがある。英語では、Out of sight, ouf of mind という。人だけでなく、モノについてもいうこともある。

【用例1】Jula: Hast du etwas von Anna gehört? Sie hat mir noch nicht geschrieben, seit sie in Wien umgezogen ist. Maja: Mir auch nicht. Sie hat uns zwar versprochen, gleich eine Mail zu schicken. Aber ist es vielleicht so: Aus den Augen, aus dem Sinn?（ユーリア「アンナから何か連絡あった？　ウィーンに引っ越してから、まだ私には音沙汰なし」マーヤ「私にも。すぐにメール送ると約束したのにね。目から離れると心から離れるってことかしら」）

【用例2】Vor zwei Jahren habe ich mich von meinem Freund getrennt. Wir haben uns nur noch gestritten. Ich bin froh, endlich wieder frei zu sein. Ich habe schon lange nicht mehr an ihn gedacht. Aus den Augen, aus dem Sinn. Gott sei Dank!（2年前、恋人と別れたの。けんかばかりしていたから、やっとまた自由になれてよかった。彼のことはもう考えていないわ。去る者は日々に疎し。お陰様でね！）

— 79 —

〔71〕 Es ist nicht alles Gold, was glänzt.

光るものすべてが金ではない

【意味】表面がいくらりっぱでも、よく見ると中味に問題があることも少なくない。

【用法】文頭の Es ist を省き、Nicht alles Gold, was glänzt ともいう。何ごとも外見だけで判断できないと警告する。

【ポイント】視覚による影響力は大きく、惑わされやすい。だまされてはいけない、しっかりと見て、うかつなことはしないようにという慎重なささやきが背後にある。美辞麗句への注意にも使う。

【参考】ラテン語が起源のことわざで、英語では All that glitters is not gold という。Der Schein trügt（外見は欺く）も知られている。

【用例1】Man darf sich beim Einkauf von Kosmetika nicht ausschließlich auf Reklame und Aufmachung verlassen. Manche enthalten auch schädliche Bestandteile. Nicht alles ist Gold, was glänzt.（化粧品を買う際、宣伝やパッケージだけを信じてはいけません。有害な成分が含まれているものもあります。輝くものすべてが金とは限らないのです。）

【用例2】Nils: Du hast ein Glück mit deiner neuen Arbeitsstelle. Alle beneiden dich. Paul: Das stimmt schon, aber ich habe Nachtschicht und auch am Wochenende muss ich oft arbeiten. Es ist nicht alles Gold, was glänzt.（ニルス「新しい職が得られて、ラッキーだね。皆、うらやましがっているよ」パウル「だけど、夜勤はあるし、週末も働くことが多いんだ。光るものがみな金ではないよ」）

— 80 —

第5章　年齢は本人の感じ方しだい

〔72〕 Kleider machen Leute.

衣服が人を作る

【意味】服装や身なりを整えれば、誰でもりっぱに見える。

【用法】人の印象は外観によって大きく左右される。まず外側をきちんとすることで、うまくいくという文脈で使うことが多い。

【ポイント】日本語の「馬子にも衣装」にも通じて、見た目で判断されることをストレートに表現している。

【参考】このことわざは、元はラテン語で1世紀ごろからあるが、スイスの作家、ゴットフリート・ケラー（1819～1890）が、同タイトルの小説を書いたことでも有名になった。貧しい仕立屋がりっぱな伯爵のふりをして、ことわざどおりにハッピーエンドになるというストーリーである。

【用例1】„Kleider machen Leute". Deshalb verlangt der Dresscode unserer Firma einen ordentlichen Anzug. T-Shirt und Jeans sind nicht erwünscht.（「衣服が人を作る」。そういうわけで、わが社のドレスコードではきちんとした服装を求めます。Tシャツとジーンズは好ましくありません。）

【用例2】Eric: Wer ist denn die elgante Frau dort drüben? Sie ist eine echte Schönheit. Nils: Du hast aber schlechte Augen. Das ist unsere Klassenkameradin, Ivonne. Sie schminkt sich gern und kleidet sich gut. Kleider machen Leute.（エリック「あそこにいる優雅な女性は誰？　絶世の美女だな」ニルス「目が悪いね。同級生のイボンヌだよ。化粧好きで、いい服を着ているな。馬子にも衣装か」）

〔73〕 Die Wände haben Ohren.

壁に耳あり

【意味】姿は見えなくても、陰で誰かが耳をすましているかもしれない。秘密がもれやすいことのたとえ。

【用法】無遠慮に話す人に対して、他人に聞かれては困るから、発言に注意してと警告することが多い。冒頭の定冠詞 Die がない形もある。

【ポイント】世界中に似た発想の表現がある。古くは、Der Wald hat Ohren, das Feld hat Augen（森に耳あり、野原に目あり）という形もあったが、もはや日常的には使われていない。日本語では、「壁に耳あり、障子に目あり」、英語では、Walls have ears という。

【参考】このことわざは、20世紀のドイツで、同国人同士の密告を連想させ、ナチスのゲシュタポ（秘密国家警察、Geheime Staatspolizei の略）、旧東ドイツのシュタージ（国家公安局、Staatssicherheitsdienst の略）をイメージすることも多かった。

【用例1】Lutz: Hast du schon von dem Personalwechsel gehört? Peter: Psst! Vorsicht! Darüber sprechen wir draußen. Die Wände haben hier Ohren.（ルッツ「人事異動について、もう聞いたか？」ペーター「シーッ、気をつけて！ それについては外で話そう。ここでは壁に耳ありだ」）

【用例2】Das ist unser Betriebsgeheimnis. Sprechen Sie bitte bei der kommenden Konferenz mit niemandem darüber, auch nicht mit unseren eigenen Mitarbeitern, weder im Hotel noch am Tagungsort. Sie wissen ja: Wände haben Ohren.（これは企業秘密です。このあとの会議で、誰にも、社員同士でも話さないでください。ホテルでも、会議場でも。わかってますね。壁に耳ありです。）

第5章 年齢は本人の感じ方しだい

〔74〕 Lügen haben kurze Beine.

嘘は足が短い

【意味】嘘をついても、真実はすぐ明らかになるものだ。

【用法】嘘はすぐばれる。それが発覚したとき、嘘をついた人への戒めや批判として使う。

【ポイント】人をだますのは悪いという道徳的な内容を持つ言葉で、古代ローマにさかのぼる。ドイツ語では嘘を擬人化し、短い足のイメージで定着した。逆に真実の足は長いことになり、すぐ追いつけるので、嘘は逃げ切れない。

【参考】Wer einmal lügt, dem glaubt man nicht, und wenn er auch die Wahrheit spricht（一度嘘をついた人は、真実を話しても誰も信じない）もよく知られている。

【用例1】Max: Ich habe genau gesehen, dass unsere Katze die ganze Schokolade aufgefressen hat. Ich dachte, ich sehe nicht richtig. Mutter: Das stimmt nicht. Ich habe gesehen, wie du Schokolade gegessen hast. Lügen haben kurze Beine, mein Lieber.（マックス「猫がチョコレートを全部食べるのを見たよ。信じられなかったけど」母親「それは違うわね。あなたがチョコレートを食べているところ、見たもの。嘘は足が短いの」）

【用例2】Julia: Hoffentlich geht es Ivonne bald besser. Ich bekam gestern eine Mail, dass sie mit einer Erkältung im Bett liegt. Maja: Wieso? Ich habe sie doch gestern im Kino gesehen. Lügen haben kurze Beine.（ユーリア「イボンヌがすぐよくなるといいけれど。風邪で寝こんでるって、昨日、メールをもらったのよ」マーヤ「どうして？昨日、映画館で見かけたわよ。嘘はすぐばれるね」）

〔75〕 Was man nicht im Kopf hat, muss man in den Beinen haben.

頭が空っぽだと歩かなければならない

【意味】 何かを忘れると、無駄足を踏むことになる。

【用法】 足を表す Beinen は Füßen でもよい。忘れた物をとりに引き返す人に対して、また、あちこち探し回る人について面白おかしくいう。自虐的に使うこともある。

【ポイント】 直訳すると、「頭の中にないものを、人は足で持たなければならない」。つまり、記憶がなければ、足を使えということ。年を重ねると出番が増えることわざだが、若くても、疲れると忘れっぽくなるので、誰でも実感できるだろう。

【参考】 Was man nicht im Kopf hat, muss man im Computer haben. 後半をコンピューターに換えた異形も出てきている。

【用例1】 Lutz: Ich habe völlig vergessen, Zitronen einzukaufen. Ich gehe nochmal schnell zum Supermarkt. Ulla: Das ist ja blöd. Was man nicht im Kopf hat, muss man in den Beinen haben!（ルッツ「レモンを買うのをすっかり忘れた。もう一度、スーパーまで急いで行ってくるよ」ウラ「そりゃ、ひどいね。頭が空だと歩かなくては！」）

【用例2】 Ich habe meine Monatskarte im Auto des Kollegen liegen lassen, der mich heute früh zu einer Veranstaltung abgeholt hat. Da musste ich dann abends 5 Stationen zu Fuß nach Hause laufen. Was man nicht im Kopf hat, muss man in den Füßen haben. War aber gutes Beintraining.（定期券を同僚の車の中に置き忘れてしまった。朝は、催し物会場まで送ってもらったけど、夜は5駅歩いて帰るしかなかった。頭が空っぽだと足を使わなければならない。でも足にはよい運動だったよ。）

第5章　年齢は本人の感じ方しだい

〔76〕 Gebranntes Kind scheut das Feuer.

火傷した子どもは火をこわがる

【意味】つらい目にあうと、二度とそんなことにならないように、用心深くなる

【用法】Gebranntes Kind と前半だけでも通じる。前の失敗に懲りて、過剰に警戒することを指していう。

【ポイント】eu（発音オイ）が後半に重なって口調がよい。個人的な火傷という身体感覚を元に、日常の小さな出来事から、政治的に騙されたり、社会的に損をしたりとさまざまな場面で頻出する。

【参考】Durch Schaden wird man klug（損することで賢くなる）（〔99〕参照）もやや近い。「羹に懲りて膾を吹く」と同じ発想である。

【用例1】Julia: Magst du heute keine Sahne zum Kuchen? Nils: Nein danke, gestern hatte ich zu viel Sahne und bekam sofort Magenschmerzen. Gebranntes Kind scheut eben das Feuer!（ユーリア「今日はケーキにクリーム、いらないの？」ニルス「うん。昨日、クリームをつけすぎて、胃が痛くなっちゃってね。火傷した子どもは火をこわがるってことだよ」）

【用例2】Tante Berta ist auf einen Telefonbetrüger reingefallen und hat für ein Gemälde bezahlt, das sie nie bekommen hat. Seitdem spricht sie mit keinem Fremden mehr am Telefon. Sie ist ein „gebranntes Kind" und wird nie wieder leichtgläubig sein.（ベルタおばさんは電話詐欺にひっかかり、代金を払ったのに、絵が届かなかった。その後、知らない人とは電話でもう話さない。「火傷した子ども」だから、二度と簡単に信じないだろう。）

— 85 —

〔77〕 Hunde, die bellen, beißen nicht.

吠える犬は噛みつかない

【意味】うるさく文句を言ったり、脅したりする人は、案外、口先だけで実害をもたらさない。

【用法】関係代名詞の代わりに形容詞にして、Bellende Hunde beißen nicht ともいう。実際は口ほどではないので、恐れることはないと安心させる。

【ポイント】犬の習性から生じたことわざ。吠える犬は噛む勇気をめったに持たず、噛む犬は吠えて脅すことなく、襲いかかるという。

【参考】ドイツでは、子犬のときに訓練を受けさせることが多く、人間に従うように、むやみに吠えず、噛まないようにしつけられる。それでも噛む犬はいる。「噛む」は beißen だが、形容詞は bissig で、„Vorsicht, bissiger Hund" の掲示は「猛犬注意」になる。

【用例1】Mutter: Unser Nachbar hat wieder gedroht, er würde die Polizei rufen, weil unsere Kinder Erdbeeren in seinem Garten gepflückt haben. Vater: Keine Angst. Mit der Polizei hat er immer gedroht, aber nie zum Hörer gegriffen. Hunde, die bellen, beißen nicht!（母親「お隣りにまた脅かされたわ。うちの子たちが庭のいちごを摘んだから警察を呼ぶって」父親「心配ないよ。二言目には警察と脅かすけれど、受話器をとったことないからね。吠える犬は噛みつかないのさ！」）

【用例2】Der Geschäftsführer macht uns manchmal heftige Vorwürfe. Aber er würde uns nie entlassen. Wir haben erkannt: Hunde, die bellen, beißen nicht.（事務局長は私たちをむやみに叱りつけることがある。だからといって、解雇されることはないだろう。わかっているんだ。吠える犬は噛みつかない、と。）

第5章　年齢は本人の感じ方しだい

〔78〕 Den Letzten beißen die Hunde.

最後の者に犬は嚙みつく

【意味】ぐずぐずしている者、最後にいる者は損をする。

【用法】人より遅れたことで、ひどい目にあうときに使う。また社会の階層で下にいる者が、とんだ不利益をこうむることを指す場合にもあてはまる。

【ポイント】狩りに出た犬が、逃げ足のいちばん遅い獲物を捕まえるイメージと結びつく。

【参考】自然界で、動物には弱肉強食、生存競争の掟がある。それが人間社会にも適用されて、さまざまな表現を生んだ。英語では、Every man for himself, and the devil take the hindmost（みんな我れ先に、ビリは悪魔に捕まれ）ということわざが近い。

【用例1】Die Polizei hat die Gruppe der Verbrecher verfolgt. Am Ende wurde nur der 18-jährige Helfer festgenommen, der am langsamsten war. Den Letzten beißen die Hunde.（警察は犯人のグループを追跡した。結局、18歳の協力者1名がいちばんのろくて、逮捕された。最後の者に犬は嚙みつく。）

【用例2】Das Steuerwesen ist heute kompliziert. Soll man die großzügige Behandlung der großen Firmen fortsetzen? Viele Leute protestieren dagegen. Sie fühlen sich als Opfer: Den Letzten beißen die Hunde.（税制は今日、複雑である。大企業の優遇策を続けるべきか？ 反対する人たちも多く、彼らは自分たちが被害者だと感じている。いちばん下の者に犬は嚙みつくと。）

― 87 ―

〔79〕 Wer die Wahl hat, hat die Qual.

選べる者に苦しみあり

【意味】選択肢がいくつもあると、一つに決めるのは難しい。

【用法】たくさんの可能性があることはよいことだが、うれしい悲鳴や悩ましさを伴うこともある。オーバーで深刻そうな表現だが、日常的に軽く使う。たとえば、ビアガーデンでメニューを見ながら、ビールの種類が多いなと頭を抱えて、つぶやいたりする。第三者についていうときは、皮肉をこめる場合がある。

【ポイント】何かを選び出すことは、日々、誰もがやっている。服を選び、好みのお茶を飲み、優先事項を決める。確かに迷うこともある。die Qual der Wahl（選択の苦しみ）と簡略化した表現も常用され、Qual ... Wahl とアールの音の繰り返しで響きがよい。

【参考】第二次世界大戦後、1949 年から 40 年間ドイツは東西に分断されていた。西は資本主義、東は社会主義のシステムだったが、壁が崩れ、東が西に吸収合併される形で再統一。その直後、商品あふれるようになると、東側の市民がよく口にしたことわざである。

【用例1】Sie hat jahrelang geforscht und publiziert, damit man international auf sie aufmerksam wird. Jetzt hat sie Angebote für die Teilnahme an Forschungsprogrammen in Tokyo und in New York. Tja, wer die Wahl hat, hat die Qual. （彼女は研究を長年続け、研究書を上梓して、国際的に注目されるようになった。今は東京からもニューヨークからも研究プロジェクトに参加するようにと勧められている。選べる者は苦しいねえ。）

【用例2】Er hat eine Freundin und sich gleichzeitig in eine andere verliebt. Wer die Wahl hat, hat die Qual. （彼は恋人がいるのに、同時に別の女性に恋している。選べる者に苦しみありか。）

第5章　年齢は本人の感じ方しだい

〔80〕 Die Zeit heilt alle Wunden.

時はすべての傷をいやす

【意味】どんな痛みや苦しみもいつか薄れていくものだ。

【用法】身体的、とくに精神的な苦痛について、慰めや励ましのために
よく使う。

【ポイント】忘却の肯定的な一面を捉えている。ただし、実際は大き
な苦しみや悲しみをひきずる場合も多いので、〜 aber die Narben
bleiben ewig（しかし傷跡はずっと残る）と続けたり、否定形にして、
Die Zeit heilt nicht alle Wunden（時はすべての傷をいやすわけでは
ない）とすることもある。

【参考】英語では、Time is a great healer（時は偉大な治療者）といって、
やはり時間とともに苦しみを乗り越えることを指す。

【用例1】Liebe Freunde, meine Katze Mauzi ist gestern an
Altersschwäche gestorben. Ich stehe noch immer unter Schock.
Aber ich hoffe, die Zeit heilt alle Wunden. Viele liebe und traurige
Grüsse aus Berlin, Eure Julia.（友人の皆さん。昨日、猫のマウツィ
が年齢に勝てず逝ってしまいました。まだショックを受けています。で
も時が傷をいやしてくれますように。ベルリンから悲しいご挨拶、ユー
リアより。）

【用例2】Ihr Mann ist vor 10 Jahren gestorben. Sie hat lange
getrauert. Jetzt habe ich gehört, dass sie wieder heiraten wird. Gut,
dass die Zeit eines Tages alle Wunden heilt.（夫が10年前に亡くなっ
て、彼女は長いこと悲しんでいた。今、彼女が再婚すると聞いたとこ
ろだ。よかったね、時はいつかすべての傷をいやす。）

— 89 —

コラム——ことわざと慣用句

　ドイツ語で、ことわざは Sprichwort（複数形は Sprichwörter）という。Deutsche Sprichwörterkunde（『ドイツことわざ学』、1922）の著者、フリートリヒ・ザイラーは、ことわざを「教訓的な傾向と文語的な形式をもち、世間一般でよく用いられる完結した言い回し」（im Volksmund umlaufende, in sich geschlossene Sprüche von lehrhafter Tendenz und gehobener Form）と定義している。

　また、Sprichwort（『ことわざ』、1977）の共著者、ルッツ・レーリヒとヴォルフガング・ミーダーの定義は、「ことわざとは、一般に知られている、固定した形式を持つ文を指し、生活の規範や知恵を簡潔な形で表現するもの」（Sprichwörter sind allgemein bekannte, festgeprägte Sätze, die eine Lebensregel oder Weisheit in prägnanter, kurzer Form ausdrücken）である。

　ことわざの定義については、これまで多くの研究者が試みてきたが、ドイツ語で上記の二つはその中でも古典とされるものである。

　ことわざと近い関係にあるのが慣用句（Redensarten）である。まず慣用句はことわざのように完成した形ではなく、den Wald vor lauter Bäumen nicht sehen（木を見て森を見ず）、Öl ins Feuer gießen（火に油を注ぐ）というような表現になる。慣用句を実際に用いるときには、Er sieht den Wald vor lauter Bäumen nicht（彼は木ばかりで森を見ない）、Es war klar, dass sie Öl ins Feuer gegossen hat（彼女が火に油を注いだのは明らかだった）と、主語などを補って、述語（動詞）を人称変化させる。また、ことわざの特徴として教訓的な要素を挙げることが多いが、慣用句には稀である。

　しかし、ことわざとよく似た表現の慣用句もあり、両者を厳密に区別することは容易ではなく、本書でも、二つの慣用句を項目に立てている。

第6章

希望は最後まで死なない

〔81〕 Eine Hand wäscht die andere.

一方の手が他方の手を洗う

【意味】お互いに助け合うことのたとえ。持ちつ持たれつ。

【用法】相手に何かをしてあげて、お返しを期待するという文脈で使うことが多い。また犯罪のための協力関係など、悪い意味でも使う。

【ポイント】手を洗うには、両手をこすり合わせるので、die Hände waschen と普通は複数形にする。しかし、このことわざでは、片方の手が主語、もう片方が目的語になり、独特の表現になっている。

【参考】古いことわざで、ギリシャ語、ラテン語のものは紀元前にさかのぼる。プラトンの『対話』に引用され、ローマの詩人、哲学者のセネカの記録にもある。

【用例1】Nils: Kannst du mir dein Auto am nächsten Wochenende ausleihen? Dafür kannst du mit deinen Freunden gern mal mein Wochenendhaus benutzen. Eric: In Ordnung. Das ist ein gutes Angebot. Eine Hand wäscht die andere. (ニルス「今度の週末、車を貸してくれる？ 代わりに、友達と一緒に僕の週末用の別荘を使っていいよ」エリック「よし。いい提案だな。持ちつ持たれつだ」)

【用例2】Du suchst vorübergehend einen Probenraum für eure Shamisen-Gruppe? Außerhalb der Öffnungszeit könnt ihr hier im Museum proben. Im Gegenzug würde ich mich freuen, wenn ihr bei der nächsten Ausstellungseröffnung ein kleines Konzert gebt. Einverstanden? Eine Hand wäscht die andere! (そちらの三味線グループで練習室を探しているんですって？ 開館時間外なら、この博物館で練習してもいいわよ。その代わりに次の展示のオープニングで、ミニ・コンサートをしてくれたら嬉しいんだけれど。了解？ 一方の手が他方の手を洗うってことで！)

第6章　希望は最後まで死なない

〔82〕Wenn man dem Teufel den kleinen Finger reicht, so nimmt er gleich die ganze Hand.

悪魔に小指を差し出すと、すぐに手を全部とられる

【意味】悪いことに手を貸すと悪事にとりこまれていく。好意につけ
こまれ、相手の要求はエスカレートしていくものだ。

【用法】reichen（差し出す）は geben（与える）でもよい。Gibt man
dem Teufel den kleinen Finger, 〜と接続詞なしの形もある。悪い
ことといっても犯罪ではなく、誰かのために何かをして、さらに
求められていく恐れがあるとき、その自戒、警告に用いる。

【ポイント】悪魔から手をとられるという、恐ろしいイメージを喚起
して、相手につけこまれないようにと注意する。

【用例1】Ich habe Herrn Schlecht mal einen Tag im Garten geholfen.
Heute nun bat er mich, ihm beim Aufräumen seines Kellers zur
Hand zu gehen. Wenn man dem Teufel den kleinen Finger gibt, so
nimmt er gleich die ganze Hand. Das ist mir langsam zu viel.（シュ
レヒト氏の庭の手伝いを一日した。今日は地下室の片付けを頼まれた
ところだ。悪魔に小指を差し出せば、すぐに手を全部をとられるとい
うが、もうたくさんだ。）

【用例2】Nils: Ich lade Paul gern auf ein Bier ein, aber er soll nicht
wieder denken, dass ich ihn den ganzen Abend aushalte! Eric: Ja,
wenn man dem Teufel den kleinen Finger reicht … Bei ihm muss ich
aufpassen, dass er sich am Ende nicht auf meine Kosten betrinkt.（ニ
ルス「パウルにビール一杯おごるのはいいけど、また一晩中飲めるっ
て思われたらかなわないや」エリック「うん。悪魔に小指を差し出す
と……。僕の払いで酔わせないように気をつけなくちゃ」）

〔83〕 Wenn zwei sich streiten, freut sich der Dritte.

二人が争えば三人目が喜ぶ

【意味】両者が争っているうちに、第三者が利益を得ること。

【用法】第三者が労することなく得する状況について指摘する。

【ポイント】この第三者はそれを意図したわけでないが、いわば横取りである。ことわざから派生して、Der lachende Dritte（笑う第三者）という簡潔な表現もよく使う。

【参考】中国の『戦国策』に由来する「漁夫の利」と重なる。これはシギとハマグリが争う間に、漁師が両方つかまえた話。

【用例1】Herr Müller besaß ein Haus am See. Seine Söhne stritten jahrelang, wer das Erbe antreten würde. Alle waren überrascht, dass Herr Müller noch vor seinem Tod das Haus seiner Pflegerin schenkte. Wenn zwei sich streiten, freut sich der Dritte.（ミュラー氏は湖のほとりに家を持っていた。息子たちは長年、相続するのは誰かとけんかしていた。皆が驚いたことに、生前、ミュラー氏は介護人に家を譲っていたのだ。二人が争えば第三者が喜ぶ。）

【用例2】Zwei Familien warteten am Taxistand. Als ein Taxi kam, wollten beide unbedingt damit fahren. Es kam zum Streit. Der Taxifahrer sagte, „Der Nächste bitte!". Und der Mann dahinter stieg ein. Wenn zwei sich streiten, freut sich der Dritte!（二組の家族がタクシー乗り場にいた。タクシーが来ると、どちらも乗ろうとして、言い争いになった。「次の方、どうぞ！」とタクシー運転手が言うと、その後ろにいた男が乗り込んだ。漁夫の利を得たね！）

第6章　希望は最後まで死なない

〔84〕 Der Klügere gibt nach.

賢いほうが譲る

【意味】誰かと争った際、必ずしも勝てばよいというものではない。しいて争わないほうがよいときもある。

【用法】自分の主張やポジションを押し通すことに意味があるのか？大局的にみて、今は抑えるべきと忠告することが多い。

【ポイント】形容詞が名詞化されて、主語になっている。「賢い」はklug で、ここでは比較級である。最上級を使う形、Der Klügste gibt nach（いちばん賢いものが譲る）もかつては使われたが、今日では比較級が一般的である。

【参考】「負けるが勝ち」と通じるところがあるが、ドイツのことわざでは勝負の結果を持ち出さず、賢いことを強調する。賢さの反対は愚かさだ。賢いほうが常に譲って、愚か者ばかりが支配するようになったら世の中は危ないとの意見もある。

【用例1】Max: Heute konnten wir uns nicht einigen, wohin der Ausflug gehen soll. Jede der zwei Gruppen hat auf ihrem Wunsch bestanden. Mutter: Das ist nicht schön. Ich schlage vor, ihr zieht ein Los oder der Klügere gibt nach!（マックス「今日、遠足でどこに行くか、意見がまとまらなかったよ。二つのグループとも自分の希望を言い張ったんだ」母親「それはよくないわね。提案するわ。くじを引くか、利口なほうが譲るのよ」）

【用例2】Sie sollten sich als Autofahrer keineswegs von Rasern provozieren lassen. Der Klügere gibt nach.（ドライバーは、暴走者の挑発に乗ってはならない。賢いほうが譲ることだ。）

— 95 —

〔85〕 Über Geschmack lässt sich nicht streiten.

好みは争えない

【意味】趣味、嗜好など、人の好みはさまざまで、どちらが正しいという問題ではない。

【用法】好き嫌いについて議論は不要だとさとしたり、異なる意見を受け入れるべきだと促したりする。Die Geschmäcker sind verschieden（好みは異なる）も同じように使う。

【ポイント】Geschmack は一般に好みを示す語であるが、味、味覚も意味する。ことわざの対象とする範囲は、飲食、ライフスタイル、ファッション、芸術、さらには異性までと実に広い。

【参考】日本語では、「蓼食う虫も好き好き」という比喩になる。

【用例1】Julia: Ich finde, dieser Hut steht dir nicht. Sowohl die Farbe als auch die Form sind zu auffällig. Maja: Mir gefällt dieser Hut aber! Ich mag ihn und trage ihn gern. Gib es auf: Über Geschmack lässt sich nicht streiten!（ユーリア「その帽子はあなたに似合わないと思う。色も形も派手すぎよ」マーヤ「でも、この帽子は私のお気に入りなの。好きでかぶっているんだから。やめてよね、好みは争えないの！」）

【用例2】Die Kunstausstellung im Rathaus ist interessant. Die meisten Werke sind modern und abstrakt. Es gibt viele kritische Stimmen. Aber mir hat es gefallen. Über Geschmack lässt sich nicht streiten.（市役所の芸術展は面白い。大半の作品は近代的で抽象的なものだ。批判する声も多いけれど、私は好きだね。好みについては争えない。）

第6章　希望は最後まで死なない

〔86〕Wer andern eine Grube gräbt, fällt selbst hinein.

他人に穴を掘る者は自ら落ちる

【意味】人に危害を加えようとすると、わが身にふりかかってくる。

【用法】悪い行ないをたくらむ人に対して、よい結果にはならないと警告する。

【ポイント】人をおとしいれようと穴を掘って、自分が落ちるイメージは描きやすい。聖書で、箴言（26－27）、伝道の書（10－8）、詩篇（7）と複数の箇所に出てくる古い表現が、今日なお浸透している。

【参考】日本語では、「人を呪わば穴二つ」。人を呪おうとする者が、その報いで殺されて自分の墓穴も必要になる。やはりことわざ特有の過激な表現で、発想が近い。

【用例1】Nils: Er hat mich mit seinem Verhalten geärgert. Ich möchte ihm gerne einmal einen Streich spielen. Was könnte ich nur machen, um ihn zu ärgern? Julia: So ein Quatsch! Lass das. Du weißt doch: Wer andern eine Grube gräbt, fällt selbst hinein.（ニルス「奴の態度には腹が立つ。一度ひどい目にあわせてやりたい。どうしてくれようか？」ユーリア「ばかね。放っておきなさい。ほら、他人に穴を掘る者は自分が落ちるっていうでしょ」）

【用例2】In einer Fabel von Aesop, „Der Löwe, der Wolf und der Fuchs" wird der betrügerische Wolf das Opfer seines eigenen Betrugs. Wer andern eine Grube gräbt, fällt selbst hinein!（イソップの寓話、「ライオンとオオカミとキツネ」では、ペテン師のオオカミが、自らのペテンの犠牲者となる。他人に穴を掘れば自ら落ちる！）

〔87〕Kein Mensch muss müssen.

すべきは人になし

【意味】誰にも絶対にやらなければならないことなどない。

【用法】何かをせねばと müssen を口にすることが多いが、それは本当なのか？　実は、さしあたって重要でないことも少なくない。「しなくては」という人に対して、そんなことはないという文脈で使う。

【ポイント】ことわざのなかで、müssen が本動詞と話法の助動詞の両方で使われて、言葉遊びのような面白い表現になっている。

【参考】このことわざは、レッシング（1729 ～ 1781）の戯曲、『賢者ナータン』（1779）第 1 幕に由来する。人間であれば、義務に縛られることなどない、とナータンは説いた。

【用例1】Maja: Wir müssen uns beeilen. Wenn deine Eltern zu Besuch kommen, muss die Wohnung neu gestrichen sein. Eric: Kein Mensch muss müssen und meine Eltern sind tolerant. Sie freuen sich auch, mit uns zusammen zu sein, wenn wir erst hinterher renovieren.（マーヤ「急がないと。ご両親が訪ねてくる前に、家の壁を塗り替えておかなくちゃ」エリック「おかなくちゃなんて、人に義務はなし。うちの親は寛容だよ。あとで塗り替えることにしても、僕らと一緒にいることを喜んでくれるね」）

【用例2】Nils: Ich bin viel zu dick. Ich muss unbedingt 10kg abnehmen. Julia: Kein Mensch muss müssen. Du siehst doch gut aus. Aber wenn du wirklich schlanker werden willst, dann fang doch ab morgen mit bewusster Ernährung an.（ニルス「太りすぎたよ。10 キロはやせるべきだな」ユーリア「すべきは人になし。りっぱに見えるわよ。でも本当にやせる気なら、明日からは意識して食べてよね」）

第6章　希望は最後まで死なない

〔88〕 Man muss die Feste feiern, wie sie fallen.

祭りにあえば祝うべし

【意味】よい機会に出会えたら、ためらうことなく楽しもう。

【用法】müssen を sollen にして、Man soll die Feste feiern 〜ともいう。偶然、誰かに出会ったり、思いがけず何かよいことに恵まれたりしたとき、ただちに、それを生かそうと促す。

【ポイント】祭りの対極といえば仕事であり義務。それはさておき、今、楽しむ機会を逃してはいけないと命令口調でいう愉快なことわざ。

【参考】このことわざの起源は明らかではないが、ベルリンの道化芝居、ザリングレ作の『グラウペンミュラー』（1870）によって、広く普及した。日本語の「善は急げ」と少し接する。

【用例1】Ulla: Schön, dass wir uns hier auf der Straße zufällig begegnet sind! Karin: Ja, wirklich! Wollen wir in dem Café da drüben etwas trinken gehen? Man muss die Feste feiern, wie sie fallen!（ウラ「わあ、この通りでたまたま会えるなんて！」カーリン「本当ね！あそこのカフェに寄って行こうよ。祭りにあえば祝わなきゃ！」）

【用例2】Maja: Heute habe ich eine besondere Flasche Wein gekauft. Wollen wir das zu Weihnachten gemeinsam mit allen kosten? Eric: Das ist eine gute Idee. Aber es ist auch schön, ihn jetzt zu zweit zu trinken, es ist eine so herrliche Mondnacht. Man muss die Feste feiern, wie sie fallen!（マーヤ「今日、特別なワインを買ったのよ。クリスマスに皆で一緒に飲みましょうか？」エリック「いい考えだね。でも今、二人で飲んでもいいな、こんなにきれいな月夜だから。祭りはそのとき祝うべし！」）

— 99 —

〔89〕Ordnung ist das halbe Leben.

整理整頓は生活の半分

【意味】身の回りをきちんとしておくことは、日々の生活で非常に大切なことである。

【用法】情報でも、モノでも適当に放置しておくと、いざというときに使えない。探す時間と労力の無駄を省くために、子どもの頃から教訓として使う。ちらかしている人への非難にもなり、自戒にもなる。

【ポイント】Ordnung は「秩序」「規律」を意味する重要単語で、ここでは「整理整頓」を基本的に指す。 „In Ordnung"（承知した、よろしい）、„Alles in Ordnung"（万事オーケー）はよく使う。

【参考】Wer Ordnung liebt, ist nur zu faul zum Suchen（整理が好きな者は探すことに怠け者）という表現もある。

【用例1】Max: Weißt du, wo mein Handy ist? Es liegt nicht in meinem Zimmer. Mutter: Ordnung ist das halbe Leben. Hättest du es an einem bestimmten Platz hinterlegt, dann bräuchtest du jetzt nicht zu suchen. （マックス「僕の携帯、どこにあるか知っている？ 部屋にないよ」母親「整理整頓は生活の半分ってこと。いつも決まった場所に置いておけば、今、探す必要などないはずよ」）

【用例2】Ich habe gerade ein Buch doppelt gekauft. In meinem Regal herrschte solche Unordnung, ich habe gar nicht bemerkt, dass ich es schon besaß. Tja, Ordnung ist das halbe Leben! （本を二冊買ってしまった。本棚が乱雑で、自分が持っているのに気がつかなかったな。やはり整理整頓は大切だ！）

第 6 章　希望は最後まで死なない

〔90〕 Der Teufel steckt im Detail.

悪魔は細部に宿る

【意味】些細に思えることを見逃すと、重大な結果を招く。

【用法】何かを仕上げたり、実現するにあたって、ごく小さな問題のために困難が生じて、完成、成就できないことがある。過去の結果についても、未来への警告のためにも用いられる。

【ポイント】Der liebe Gott steckt im Detail（神は細部に宿る）という古い形もあるが、今日、ドイツでは悪魔のほうが一般的である。

【参考】近代建築の巨匠、ミース・ファン・デル・ローエ(1886 – 1969)は、ドイツでバウハウスの校長を務めた後、アメリカで活躍した。「神は細部に宿る」は、彼が好んで使った言葉として有名になった。

【用例1】Nils: Ich habe alle Dokumente für die Einreise in Tibet gesammelt. Ich glaube, die Vorbereitung ist perfekt. Julia: Wirklich? Doch der Teufel steckt oft im Detail. Du solltest alles nochmals checken.（ニルス「チベット入国に必要な書類をすべて集めたよ。準備万端ととのったと思う」ユーリア「本当？ でも悪魔は細部にひそむことがよくあるからね。もう一度全てチェックしたほうがいいよ」）

【用例2】Ich dachte, ich habe alles perfekt zusammengebaut. Aber ich habe ein winziges Teil verwechselt. Am Ende ist die Weihnachtspyramide leider zusammengefallen. Tja, der Teufel steckt im Detail.（すべて完全に組み立てたと思った。でも、ごく小さな部分にミスがあって、結局、クリスマス飾りのピラミッドは崩れてしまった。あ～あ、悪魔は細部に宿るか。）

— 101 —

〔91〕Zwei Fliegen mit einer Klappe schlagen.

二匹のハエを一打ちでたたき落とす

【意味】一つのことをして、二つの利益を得ること。一石二鳥。

【用法】同時に二つの目的を果たす行為を指して、肯定的に使う。状況に応じて、主語を補い、動詞（schlagen「打つ」）を活用させて用いる。

【ポイント】mit einer Klappe は、「一つのハエたたき（の道具）を使って」と、「一打ちで」「一撃で」を意味する。地域によっては、「一撃で」を auf einen Streich と言い換える。

【参考】グリム童話の「勇敢な仕立屋」では、主人公が7匹のハエを一打ちでしとめる。日本語の「一石二鳥」は、kill two birds with one stone という英語の和訳「一石によって二鳥を撃つ」が短縮され、四字熟語の形で定着した。「一挙両得」も同じ意味である。

【用例1】Eric: Was hältst du davon, unseren alten Professor zu besuchen, wenn wir zum Kongress in Leipzig sind? Maja: Ja, das ist eine gute Idee! So schlagen wir zwei Fliegen mit einer Klappe.（エリック「会議でライプツィヒに行ったら、先生を訪ねたらどうだろう？」マーヤ「ええ、いい考えね！そうすれば一石二鳥だわ」）

【用例2】Thomas ist Lehrer für Mathematik. In seiner Freizeit spielt er gern Cello. Manchmal tritt er auch als Mitglied eines Emsembles auf der Bühne auf und bekommt dadurch sogar Geld für sein Hobby. So schlägt er zwei Fliegen mit einer Klappe.（トーマスは数学の先生である。余暇にはチェロを弾くのが好きだ。時々、楽団の一員として舞台に立って、趣味でお金も得ている。それって一石二鳥だ。）

－102－

第6章 希望は最後まで死なない

〔92〕 Perlen vor die Säue werfen.

豚に真珠を投げる

【意味】貴重なものを価値のわからない人に与えること。

【用法】いくらよいものでも、相手がそれを理解しなければ意味がない。何かをしても無駄という文脈で使う。「〜のようだ」を示す接続詞 wie を伴うこともある。状況に応じて主語などを補って用いる。

【ポイント】辞典類では、Man soll die Perlen nicht vor die Säue werfen（豚に真珠を投げてはいけない）と表記されることもあるが、実際に使われるのは、今日、この形に留まらない。

【参考】聖書のマタイ伝（7-6）に由来する。そこでは、否定形で出てきた。日本語では、たぶんに「猫に小判」の影響を受け、動詞を省略して「豚に真珠」の形で慣用されている。

【用例1】Nils: Was war das für ein Pilzgericht? Der Geschmack war komisch. Julia: Wie bitte? Dir Trüffel aus Frankreich anzubieten, war wirklich wie Perlen vor die Säue zu werfen!（ニルス「あのキノコは何だったの？ 妙な味だったな」ユーリア「何ですって？ フランス産のトリュフを出したのは、豚に真珠だったみたいね」）

【用例2】Der Schriftsteller bemerkte gleich, dass die meisten Gäste im Publikum seinem Vortrag nicht zuhörten. „Das ist Perlen vor Säue werfen", dachte er sich und kam zügig zum Ende.（作家は、ほとんどの聴衆が自分の講演を聞いていないことにすぐ気付いた。「これは豚に真珠を投げることだな」と思い、そそくさと話を切り上げた。）

— 103 —

〔93〕 Einmal ist keinmal.

一度は数に入らない

【意味】 一度だけなら、あまり意味がない。起こらなかったも同然である。

【用法】 何らかの行為について、もっと繰り返したいことを示す。また失敗、過ちは一度に限り、大目に見るときにも使う。その寛容性を批判する文脈で、否定的に用いることもある。

【ポイント】 最初の einmal に、否定の k のついた keinmal で受け、とても口調がよい。言葉遊びのノリで、冗談めかしても使える。

【参考】 このことわざをタイトルにした映画（1955）が、当時の東ドイツで作られた。映画の英訳は "Once is never"。オペレッタ「チャルダーシュの女王」では、人生は一度だけだ、踊ろう、楽しもうという内容の歌詞に、このことわざが出てくる。

【用例1】 Ich war vor drei Jahren in Peru. Das Land hat mich so fasziniert, dass ich wieder dorthin möchte. Einmal ist keinmal. Ich weiß noch zu wenig über dieses Land. Ich möchte noch mehr über das Leben der Menschen dort und ihre Traditionen erfahren. （3年前ペルーに行った。この国にとても惹きつけられて、また行きたい。一度は数のうちに入らない。この国についてまだ知らないことばかりだ。ペルーの人々の生活や伝統をもっと知りたいと思う。）

【用例2】 Einmal ist keinmal. So denken manche junge Leute, wenn sie Drogen probieren. Aber es ist gefährlich. （一度は数に入らない。ドラッグを試すとき、そんなふうに考える若者たちもいるが、危険である。）

第6章　希望は最後まで死なない

〔94〕 Aller guten Dinge sind drei.

よいものは何でも三つ

【意味】三度目にはうまくいく。三つ揃うのがいちばんよい。

【用法】二度うまくいかなくても、三度目の取り組みをするときに、成功への期待をこめていう。また三度目によい結果になったとき、このことわざで説明する。

【ポイント】Aller guten Dinge は複数2格の形であるが、一般的には、Alle guten Dinge の複数1格で使うことも多い。

【参考】日本語の「三度目の正直」と重なるところがある。三という数に注目したい。ゲルマンの古い法廷で、被告人は判決前に三度弁明できた。キリスト教では三位一体の教理や三賢者の話で聖なる数である。

【用例1】Nils: Ich bin schon zweimal durch die Prüfung in Geschichte gefallen. Diesmal habe ich viel studiert, aber... Julia: Mach dir keine Sorgen. Alle guten Dinge sind drei, wird schon klappen!（ニルス「歴史の試験にもう二度、落ちたよ。今回はよく勉強したんだけど……」ユーリア「心配しないで。三度目は縁起がよいから、うまく行くわよ！」）

【用例2】Sakura: Auf diesem Poster ist ein Bild von einem japanischen Auto zu sehen und zwei Textzeilen: „Aller guten Dinge sind drei" und „Dritte Generation". Sag mal, weißt du, was das bedeuten soll? Karoline: Na klar. Dieses Auto der dritten Generation ist am besten!（さくら「このポスターは、日本車の写真と二行の文、“よいものは何でも三つ” と “第三世代” しかないのね。どういう意味か、わかる？」カロリーネ「もちろん。この第三世代の車が最高だってこと！」）

— 105 —

〔95〕 Doppelt hält besser.

二重にすればもっとよい

【意味】注意したうえに、さらに注意を重ねれば安全である。

【用法】念のために、繰り返してやっておこう、今一度伝えておこう と強調する。Doppelt genäht hält besser.（二度縫っておけばもっと 長持ち）とも言う。「念には念を入れよ」に通じる。

【ポイント】簡潔な形で、わかりやすい。リスク管理としても、この ことわざは有効だろう。

【参考】用心する場面では、Sicher ist sicher もよく使う。同じ語を反 復するのもことわざの特徴的な形式の一つである。直訳すれば「安 心は安心」で、これも「念には念を入れよ」と重なる。

【用例1】Ich habe die Fahrkarte der Deutschen Bahn（DB）im Internet gekauft und nicht nur auf meinem Handy gespeichert, sondern nochmal extra gedruckt. Doppelt hält besser.（ドイツ鉄道 （DB）の切符をインターネットで買って、携帯電話に保存するだけで なく、印刷もしておいた。二重にしておけば安心だ。）

【用例2】Nils: Willst du mir den Termin des Konzerts nochmal telefonisch bestätigen? Du hast ihn mir gestern schon per Mail mitgeteilt. Julia: Ja, ich war nicht sicher, ob du die Mail wirklich gelesen hast. Du hast nicht darauf geantwortet. Doppelt hält besser.（ニルス「コンサートの約束の時間、電話でもまた確認するつ もり？ 昨日メールももらったよ」ユーリア「うん、メールを読んだか どうかわからなくてね。返事がなかったから。念には念を入れよって こと」）

— 106 —

第6章 希望は最後まで死なない

〔96〕Besser den Spatz in der Hand als die Taube auf dem Dach.

屋根の上の鳩よりも手の中の雀

【意味】手が届かないものを期待するよりも、価値が低くても確実なほうをよしとする。

【用法】今、手元にあるもので満足するように説く。雀は、Sperling を入れる形もあるが、Spatz のほうが親しみやすい響きである。

【ポイント】動詞なしで4格の目的語を並べている。普通の文では、Ein Spatz in der Hand ist besser als eine Taube auf dem Dach.

【参考】英語では、A bird in the hand is worth two in the bush（手のなかの1羽は藪のなかの2羽の価値がある）という。日本語では、「明日の百より今日の五十」が対応する。

【用例1】Ulla: Du fährst im Urlaub in die Schweiz? Wolltest du nicht nach Japan reisen? Karin: Die preiswertigen Flüge nach Japan waren leider ausverkauft. Also sagte ich mir: Besser den Spatz in der Hand als die Taube auf dem Dach.（ウラ「休暇でスイスに行くの？ 日本に旅行するんじゃなかった？」カーリン「日本への格安航空券はあいにく売り切れ。だから自分に言い聞かせたのよ。屋根の上の鳩よりも手の中の雀にしようって」）

【用例2】Heute nach dem Taifun gibt es sehr wenig Gemüse, die Qualität ist auch nicht gut. Vielleicht gibt es morgen wieder mehr und besseres, aber sicher ist es nicht. Ich werde heute etwas kaufen. Besser den Spatz in der Hand als die Taube auf dem Dach.（今日は台風の後で野菜が少なく、質もよくない。明日はもっと入荷して、いいものがあるかもしれないけれど、どうなることか。今日、ちょっと買っておこう。屋上の鳩よりも手中の雀だもの。）

— 107 —

〔97〕 Irren ist menschlich.

過つは人の常

【意味】 どんな人にも思い違いはあるし、判断を誤ることもある。

【用法】 間違いをした人に向かって、誰だって過ちはあると慰めることが多い。

【ポイント】 Irren は、本来、動詞で、「誤る」「迷う」を意味する。menschlich は、Mensch（人間）の形容詞で、「人間らしい」「人間に特有な」を指し、よい意味でも、悪い意味でも使われる。

【参考】 元はラテン語だが、イギリスの詩人、ポープの詩の一節、To err is human, to forgive divine（過つは人の常、許すは神の業）のドイツ語訳としても広まった。迷うといえば、ゲーテの『ファウスト』に Es irrt der Mensch, so lange er strebt（人間は努力する限り迷うものだ）という有名な一節がある。

【用例1】 Julia: Es tut mir leid, ich habe mich beim Termin mit Ihnen um 20 Minuten geirrt. Nils: Du solltest dir künftig Termine im Kalender notieren! Na gut. Irren ist menschlich.（ユーリア「悪いけど、約束の時間、20分間違えていたわ」ニルス「今度から時間は手帳に書いておいてよ。まあいいか。過つは人の常だな」）

【用例2】 Du wolltest mir die Fotos für den Flyer der Vorlesung schicken, aber in der Datei waren die Fotos von der Hochzeit deines Bruders. Schick mir nochmal die richtigen. Irren ist menschlich — auf die Art habe ich gleich mal deine Familie kennen gelernt.（講演のちらし用の写真を送ってもらったけれど、ファイルに弟さんの結婚式の写真が入っていたの。もう一度、正しいのを送ってね。間違いはよくあること、お陰であなたのご家族との面識ができたわ。）

第6章　希望は最後まで死なない

〔98〕Durch Schaden wird man klug.

損して賢くなる

【意味】不利益をこうむっても、その経験から何かの教訓を得ることができる。

【用法】Schaden（損害）は Fehler（間違い）でもよく、前置詞 durch は aus を用いてもよい。失敗をした人、損害を受けた人に対して、次に同じことを繰り返さないようにと忠告することが多い。

【ポイント】人は経験から学ぶ。それが辛い経験であっても、辛い経験だからこそ、将来に生かせるという前向きなとらえ方である。

【参考】日本語では、「失敗は成功のもと」を想起する。「艱難汝を玉にす」も一部重なるだろう。

【用例1】Nils: Ich hatte Pech, ich bin mit dem Fahrrad im Schnee gestürzt. Meine Jacke war zerrissen und das Fahrrad musste zur Reparatur gebracht werden. Julia: Das ist eine gute Lehre. Jetzt wirst du endlich etwas vorsichtiger fahren. Durch Schaden wird man klug.（ニルス「ついてなかったな。雪の中、自転車で転んじゃった。ジャケットは破れるし、自転車は修理に出さなくちゃ」ユーリア「よい教訓ね。これで、もっと慎重に乗るようになるもの。失敗して賢くなろう」）

【用例2】Das Hochwasser im letzten Sommer richtete hohen Schaden an. Als die Häuser wieder aufgebaut wurden, ergriff man Gegenmaßnahmen, um künftig Katastrophen zu verhindern. Durch Schaden wird man klug!（昨年夏の洪水は、大きな損害をもたらした。家を建て直すとき、二度と大災害をこうむらないように対策はしっかりと講じたよ。損して賢くなるということだね。）

— 109 —

〔99〕 Unkraut vergeht nicht.

雑草は枯れない

【意味】多少のことが起こっても、へこたれないことのたとえ。庶民は雑草のように強い。

【用法】自分自身について冗談めかしてつぶやくことが多い。面と向かって口にするときは、よほど親しい場合はよいが、皮肉と思われかねないので注意する必要がある。

【ポイント】文章のなかで三つの単語がすべて t で終わり、口調がよい。Kraut は薬草、ハーブで、Unkraut は栽培した植物の間に生える野生の草である。その雑草の生命力の強さに注目して、病気、怪我、災いに対する忍耐強さや不屈さを指す。

【参考】雑草は有益ではないが、悪いものでもなく、このことわざで比喩的に悪人を指すことはない。「憎まれっ子世にはばかる」と部分的に重なる。

【用例 1】Max: Wie geht es dir, Opa? Hast du kein Problem mit dem Magen mehr? Großvater: Danke, es geht mir wieder gut. Unkraut vergeht nicht. （マックス「おじいちゃん、調子はどう？ 胃はもう大丈夫なの？」祖父「ありがとう、また元気になったよ。雑草は枯れないのさ」）

【用例 2】Ulla: Pass bloß auf dich auf bei deiner Weltreise, in diesen unsicheren Zeiten! Karin: Mach dir keine Sorgen, mir wird schon nichts passieren. Unkraut vergeht nicht! （ウラ「世界旅行は気をつけてね。こんな不穏な時代だから！」カーリン「心配しないで。私には何も起こらないわよ。雑草は枯れないんだもの！」）

第6章　希望は最後まで死なない

〔100〕Die Hoffnung stirbt zuletzt.

希望は最後まで死なない

【意味】最後まで決してあきらめてはいけない。

【用法】どんなに厳しい状況でも、打開策が必ずあるから、希望を失わないようにと励ます。

【ポイント】直訳では「希望はいちばんあとに死ぬ」になるが、希望が最後まで存在することをいう。このように物事を楽観的にみることわざは、苦しいときの心の支えとなる。スポーツでモットーとされるほか、日常のさまざまな場面で用いられ、天気予報にも出てくる。

【参考】英語では、While there's life, there's hope（命あるかぎり希望がある）が近い。そのドイツ語版は、Man hofft, solange man lebt となる。Wo ein Wille ist, ist auch ein Weg（意志あるところに道がある）も古くから大切にされてきた。

【用例1】Julia: Gibt es keinen Parkplatz mehr? Das Konzert beginnt gleich. Nils：Ich suche doch schon. Die Hoffnung stirbt zuletzt.（ユーリア「駐車スペースはもうないの？　コンサートが始まっちゃうよ」ニルス「もうすぐ見つかるよ。希望は最後まで死なないって」）

【用例2】Der September und Oktober-Anfang war in Berlin außergewöhnlich regnerisch und kalt. Die Hoffnung stirbt bekanntlich zuletzt. Auch nächste Woche ziehen dunkle Wolken auf, aber am kommenden Wochenende soll sich die Sonne endlich wieder zeigen.（9月から10月初めにかけて、ベルリンでは雨が異常に多くて、寒い日が続きました。ご存じのように、希望は最後まで消えることはありません。来週も雨雲がかかってきますが、次の週末にはまた日差しが戻ってくるはずです。）

— 111 —

コラム──ことわざの起源をめぐって

　小学生のとき、林間学校で日光に出かけた。三猿のレリーフを東照宮で見たことは忘れられない。その記憶とともに、「見ざる聞かざる言わざる」のことわざも刷り込まれたと思う。否定の語尾の「〜ざる」が猿と語呂を合わせていることは子供にもわかった。

　やがて、そのドイツ語の表現、Nichts sehen, nichts hören, nichts sagen が、ドイツ人の間で浸透していることを知った。しかも、Drei Affen（三猿）のイメージも一緒に行き渡っている。目、耳、口を押さえる身振りまで示して、日本から入ったと付け加える人にも出会った。どうしてだろう？　さかのぼれば明治以降、日本への旅行案内が出版されて、そのなかで日光が観光地として紹介されたことが大きいらしい。三猿の置物もお土産として有名である。さらに、国内外の研究者は、江戸時代の庚申待ちの信仰とも結びつけて、その起源と日本国内での普及、日本発のことわざの可能性を探っていった。ドイツ語では、ことわざ学者のヴォルフガング・ミーダーが、ことわざをそのまま書名として本をまとめた。

　このことわざはドイツ語に限らず、英語で、See no evil, hear no evil, speak no evil（悪しきことを見るな、聞くな、言うな）という表現で広まっている。日本語やドイツ語と違って、evil（悪しきこと）が加えられて、わかりやすい。三猿は three wise monkeys といって、賢い（wise）猿となった。欧米では、第二次世界大戦後、ジャーナリズムで三猿のイラストがよく使われている。

　そして近年、この三猿像、三猿の描かれた絵は、古くからアジアのみならず世界各地にあることが明らかになってきた。多元発生なのか、古代の文化交流のためか、まだ結論は出ていない。いずれにしても、国際性の観点からも興味深いものである。

ドイツ語ことわざ索引

Aller Anfang ist schwer 3

Aller guten Dinge sind drei 105

Alles hat ein Ende, nur die Wurst hat zwei 46

Allzu viel ist ungesund 47

Alte Liebe rostet nicht 59

Altes Brot ist nicht hart, aber kein Brot, das ist hart 36

Andere Länder, andere Sittten 70

Auf Regen folgt Sonne 68

Aufgeschoben ist nicht aufgehoben 22

Auge um Auge, Zahn um Zahn 49

Aus den Augen, aus dem Sinn 79

Ausnahmen bestätigen die Regel 69

Besser den Spatz in der Hand als eine Taube auf dem Dach 107

Besser spät als nie 23

Blinder Eifer schadet nur 25

Den Letzten beißen die Hunde 87

Der Apfel fällt nicht weit vom Stamm 57

Der erste Schritt ist immer der schwerste 3

Der frühe Vogel fängt den Wurm 18,54

Der frühe Vogel kann mich mal 54

Der Klügere gibt nach 95

Der Schein trügt 80

Der Teufel steckt im Detail 101

Der Ton macht die Musik 9

Die Axt im Haus erspart den Zimmermann 52

Die dümmsten Bauern haben die größten Kartoffeln 66

Die Geschmäcker sind verschieden 96

Die Hoffnung stirbt zuletzt 111

Die Wände haben Ohren 54, 82

Die Zeit heilt alle Wunden 89

Doppelt hält besser 106

Durch Schaden wird man klug 109

Eigener Herd ist Goldes wert 50

Ein blindes Huhn findet auch einmal ein Korn 67

Eigenlob stinkt 75

Ein rollender Stein setzt kein Moos an 15

Ein Unglück kommt selten allein 65

Eine Hand wäscht die andere 92

Einmal ist keinmal 104

Ende gut, alles gut 54

Erst die Arbeit, dann das Vergnügen 16

Es ist nicht alles Gold, was glänzt 80

Es ist noch kein Meister vom Himmel gefallen 10

Es wird nichts so heiß gegessen, wie es gekocht wird 40

Frisch gewagt ist halb gewonnen 2

Früh übt sich, was ein Meister werden will 12, 20

Gebranntes Kind scheut das Feuer 85

Gegensätze ziehen sich an 61

Geld allein macht nicht glücklich 30

Geld regiert die Welt 29

Gelegenheit macht Diebe 35

Geteilte Freude ist doppelte Freude 62

Gleich und Gleich gesellt sich gern 60

Hunde, die bellen, beißen nicht 86

Hunger ist der beste Koch 43

Im Wein liegt Wahrheit 6

In der Kürze liegt die Würze 7

In der Not frisst der Teufel Fliegen 44

In der Ruhe liegt die Kraft 25

Irren ist menschlich 108

Je später der Abend, desto schöner die Gäste 23

Jeder ist seines Glückes Schmied 64

Kein Mensch muss müssen 98

Keine Regel ohne Ausnahme 69

Kinder und Narren sagen die Wahrheit 5

— 113 —

Kindermund tut Wahrheit kund 5

Kleider machen Leute 81

Klein, aber mein 51

Kleine Geschenke erhalten die Freundschaft 71

Kleinvieh macht auch Mist 33

Kommt Zeit, kommt Rat 24

Liebe geht durch den Magen 39

Liebe macht blind 54

Lieber reich und gesund als arm und krank 36

Lügen haben kurze Beine 83

Man ist so alt, wie man sich fühlt 74

Man lernt nie aus 13

Man muss die Feste feiern, wie sie fallen 99

Morgen, morgen, nur nicht heute, sagen alle faulen Leute 19

Morgenstunde hat Gold im Munde 18

Mit Speck fängt man Mäuse 45

Nach dem Spiel ist vor dem Spiel 20

Not kennt kein Gebot 44

Not macht erfinderisch 44

Ohne Fleiß kein Preis 14

Ordnung ist das halbe Leben 100

Osten oder Westen, daheim am besten 50

Perlen vor die Säue werfen 103

Probieren geht über Studieren 11

Rache ist süß 48

Reden ist Silber, Schweigen ist Gold 8

Sauer macht lustig 38

Schadenfreude ist die reinste Freude 48

Scherben bringen Glück 63

Selbst ist der Mann 52

Sicher ist sicher 106

Über Geschmack lässt sich nicht streiten 96

Übung macht den Meister 10

Umsonst ist nur der Tod 31

Unkraut vergeht nicht 110

Vater werden ist nicht schwer, Vater sein dagegen sehr 56

Viele Köche verderben den Brei 42

Vier Augen sehen mehr als zwei 78

Von nichts kommt nichts 17

Was der Bauer nicht kennt, das frisst er nicht 41

Was du heute kannst besorgen, das verschiebe nicht auf morgen 19

Was Hänschen nicht lernt, lernt Hans nimmermehr 12

Was man nicht im Kopf hat, muss man in den Beinen haben 84

Was sich liebt, das neckt sich 58

Wenn der Hahn kräht auf dem Mist, ändert sich das Wetter, oder es bleibt, wie es ist 36

Wenn man dem Teufel den kleinen Finger reicht, so nimmt er gleich die ganze Hand 93

Wenn zwei sich streiten, freut sich der Dritte 94

Wer A sagt, muss auch B sagen 4

Wer andern eine Grube gräbt, fällt selbst hinein 97

Wer den Pfennig nicht ehrt, ist des Talers nicht wert 32

Wer die Wahl hat, hat die Qual 88

Wer einmal lügt, dem glaubt man nicht, und wenn er auch die Wahrheit spricht 83

Wer nicht hören will, muss fühlen 76

Wer rastet, der rostet 15

Wer schön sein will, muss leiden 77

Wer nicht wagt, der nicht gewinnt 2

Wer wagt, gewinnt 2

Wer zu spät kommt, den bestraft das Leben 27

Wer zuerst kommt, mahlt zuerst 26

Wie der Vater, so der Sohn 57

Wie gewonnen, so zerronnen 34

Wie du mir, so ich dir 49

Wie man in den Wald hineinruft, so schalllt es heraus 9

Wie man sich bettet, so liegt man 53

Wo ein Wille ist, ist auch ein Weg 111

Zeit ist Geld 28

Zwei Fliegen mit einer Klappe schlagen 102

日本語訳ことわざ索引

【あ】

愛情は胃を通ってしみこむ　39

悪魔に小指を差し出すと、すぐに手を全部と
　られる　93

悪魔は細部に宿る　101

朝の時間は黄金を口にくわえている　18

明日、明日、今日だけはダメと言う怠け者
　19

頭が空っぽだと歩かなければならない　84

脂身でねずみを捕る　45

雨の後は晴れる　68

過つは人の常　108

一度は数に入らない　104

いちばん愚かな農夫がいちばん大きなジャガ
　イモを得る　66

一方の手が他方の手を洗う　92

衣服が人を作る　81

嘘は足が短い　83

得たように消える　34

選べる者に苦しみあり　88

延期は中止にあらず　22

多すぎては不健康　47

お金が世界を支配する　29

お金だけでは幸せになれない　30

遅れてくる者を人生は罰する　27

遅れてもしないよりまし　23

落ち着きのなかに力がある　25

思いきってやれば半ば成功　2

音楽はトーンしだい　9

【か】

かけらが幸運を招く　63

賢いほうが譲る　95

語るは銀、黙るは金　8

【か】（続き）

壁に耳あり　82

機会が泥棒を生む　35

聞こうとしない者は感じなければならない
　76

希望は最後まで死なない　111

君がしたように私も君に　49

きれいでいたい者は耐えねばならない　77

勤勉なくして褒美なし　14

空腹は最高の料理人　43

国が違えば習慣も違う　70

子供と馬鹿は真実を言う　5

好みは争えない　96

困れば悪魔はハエを食べる　44

【さ】

最後の者に犬は噛みつく　87

最初に来た者が最初に粉をひく　26

災難は一つでやってこない　65

雑草は枯れない　110

実践は勉強にまさる　11

自分でするのが男　52

自分のかまどは金の価値あり　50

自慢は臭う　75

好きな者同士はからかい合う　58

酸っぱいのは楽しい　38

すべきは人になし　98

すべてに終わりが一つあり、ソーセージだけ
　には二つ　46

整理整頓は生活の半分　100

損して賢くなる　109

【た】

ただなのは死ぬことだけ　31

他人に穴を掘る者は自ら落ちる　97

誰もが幸運の鍛冶屋である　64

小さくても私のもの　51

小さな贈り物が友情を保つ　71

小さな家畜も肥やしを作る　33

父親になるのは簡単だが、父親たることは大
　変　56

時が来れば策も来る　24

時は金なり　28

時はすべての傷をいやす　89

【な】

二重にすればもっとよい　106

煮た熱さのままで食べるものはない　40

似た者同士が集う　60

二匹のハエを一打ちでたたき落とす　102

寝心地は寝方しだい　53

年齢は本人の感じ方しだい　74

農夫は知らないものを食べない　41

【は】

始めは何でもむずかしい　3

ハンス坊やが学ばないことをハンスは学ばな
　い　12

光るものすべてが金ではない　80

復讐は甘い味　48

豚に真珠を投げる　103

二人が争えば三人目が喜ぶ　94

古い愛は錆びない　59

ペニヒを大切にしない者はターラーを持つ価
　なし　32

吠える犬は嚙みつかない　86

【ま】

まず仕事、それからお楽しみ　16

祭りにあえば祝うべし　99

学びつくすことはない　13

見えない鶏も穀粒をみつける　67

短さのなかに味がある　7

無からは何も生じない　17

目から離れると心から離れる　79

【や】

火傷した子どもは火をこわがる　85

休む者には錆がつく　15

屋根の上の鳩よりも手の中の雀　107

よいものは何でも三つ　105

四つの目は二つの目よりよく見える　78

【ら】

両極は引き合う　61

料理人が多いと粥をだめにする　42

りんごは幹から遠くに落ちない　57

例外は規則がある証　69

練習が名人を作る　10

【わ】

ワインのなかに真実がある　6

分かち合った喜びは倍の喜び　62

【アルファベット】

Aと言う者はBも言わなければならない　4

― 116 ―

参考文献

　コラムで挙げた辞典類のほか、参照した主な文献から、本書の読者が次のステップに進む際、参考となるものを挙げておきたい。

Scholze-Stubenrecht, W., Redewendungen. 4.,neu bearbeitete und aktualisierte Auflage. Duden Band 11. Dudenverlag, Berlin, 2013
　ドゥーデン 12 巻の一つで、1 万以上の成句、ことわざを掲載。

Mieder, W., Deutsche Sprichwörter und Redensarten. Universal-Bibliothek Nr. 9550. Reclam, Stuttgart, 2006
　ドイツ語のことわざと慣用句について定義から始まり、聖書や文学、図像、宣伝などとの関連を示す。レクラム文庫（ブルー）。

Röhrich L., Lexikon der sprichwörtlichen Redensarten. 5. Auflage. Herder Verlag, Freiburg, 2001

Itoh, M., Deutsche und japanische Phraseologismen im Vergleich. Deutsch im Kontrast. Band 22. Julius Groos Verlag Tübingen, 2005

山川丈平『ドイツ語ことわざ辞典』（白水社、1975）

乙政潤・グイド・ヴォルデリング『ドイツ語ことわざ用法辞典』（大学書林、1991）

北村孝一・武田勝昭『英語常用ことわざ辞典』（東京堂出版、1997）

北村孝一『ことわざを知る辞典』（小学館、2018）

※文献ではないが、次のサイトも有用である。

http://www.owid.de/wb/sprw/start.html
　マンハイムのドイツ語研究所（Institut für Deutsche Sprache）は、さまざまな辞書検索システム、OWID（Online-Wortschatz-Informationssystem Deutsch）を公開している。Sprichwörterbuch も含まれており、今日のドイツ語のことわざに関して基本的な情報を得られる。

■著者紹介■

藤村　美織（ふじむら　みおり）

ドイツ語翻訳者。学習院大学文学部ドイツ文学科卒業。日本DDR（東ドイツ）文化協会に勤務の後、日独交流の分野で活動。共著に『ことわざ学入門』（遊戯社）、訳書に『ワインがからだに良い理由』（時事通信社）、『私を救ったオットー・ヴァイト　ナチスとたたかった真実の記録』（汐文社）など。

■協力者■

Beate Wonde（ベアーテ・ヴォンデ）
ベルリン森鴎外記念館キュレーター。ベルリン・フンボルト大学日本学科卒業。早稲田大学に留学。日独の文化交流に尽力する。

※ 本シリーズの訳文に一部差別的と誤解される恐れのある語がありますが、著者および出版社
　は差別を容認する意図はございません。

ミニマムで学ぶ ドイツ語のことわざ

2019年9月25日　第1版第1刷　発行

著　者	藤村　美織
発行者	椛沢　英二
発行所	株式会社クレス出版
	東京都中央区日本橋小伝馬町 14-5
	TEL 03-3808-1821　FAX 03-3808-1822
組　版	松本印刷株式会社
印刷所	株式会社平河工業社

ISBN978-4-87733-954-8　C3039　￥1800E
落丁・乱丁本は交換いたします。　　©2019　Miori FUJIMURA